거장들의 시크릿 03

이태석

The Secret of Maestros

이태석

가장 낮은 곳에서
사랑과 나눔을 실천하라

글 서지원 | 그림 방현일

살림어린이

프롤로그

가장 낮은 곳에서 사랑과 나눔을 실천하라
이태석

저는 만나는 사람들에게 종종 묻곤 합니다.
"요즘 행복하신가요?"

그런데 사람들은 잠시 말문을 잃습니다. 행복하다고 자신 있게 말씀하신 분은, 안타깝게도 별로 없었답니다. 여러분도 주변을 둘러보세요. 가족에게 물어보세요. 그렇게 행복한 사람은 많지 않아요.

우리나라는 세계 12대 경제 규모를 자랑하는 나라지요. 그런데 우리나라에는 마음의 병을 앓고 있는 사람이 많아요. 슬프고 우울해서 병원을 찾는 사람도 아주 많답니다.

행복이 무엇일까요? 저는 이태석 신부님의 삶을 따라가면서 행복이 무엇인지 스스로 계속 묻곤 했어요. 좋은 대학에 들어가는 게 행복한 걸까요? 돈을 많이 버는 게 행복한 걸까요? 얼굴이 예쁜 게 행복한 걸까요? 정말 행복일 수도 있습니다만, 왠지 진짜 행복은 아닌 것 같아요.

그리고 우리 주변에는 행복한 척하는 사람들도 많아요. 진짜 행복을 알지도 못하면서, 행복한 척 속이고 사는 사람들도 많아요.

　이태석 신부님은 부자도 아니었고, 다른 사람들이 부러워할 만큼 잘생긴 것도 아니었어요. 이태석 신부님은 참으로 가난하고, 힘들게 세상을 살다가 가셨습니다. 한순간도 쉬지 않고 다른 사람을 위해 일하고, 작은 것도 나누었지요. 저는 이태석 신부님이 정말 행복한 사람이었다고 생각해요.

　행복이란 무엇일까요? 사람들은 아마 돈, 건강, 결혼, 성공 등을 떠올릴 거예요. 돈이 많고, 건강하고, 승승장구 성공하면 그게 바로 행복일 거라고 생각하는 분들이 많지만, 제 생각은 달라요. 돈, 건강, 결혼, 성공, 장수를 한다고 반드시 행복해진다는 보장은 없어요.

　이태석 신부님이 행복했던 것은 기쁘고 즐거운 마음으로 살았기 때문입니다. 자기 자신을 위하는 마음보다 다른 사람을 위하는 마음, 자신이 가진 것을 다른 사람에게 나누어 주려는 마음, 다른 사람 위에 올라서려는 마음이 아니라 다른 사람과 함께하려는 마음이 이태석 신부님을 행복하게 만든 거지요.

　이태석 신부님은 우리에게 많은 것을 주고 가셨습니다. 그 가운데 하나는 바로 우리가 행복한 척 스스로 속이며 살지 말고, 진짜 행복하게 사는 법이 무엇인지 가르쳐 주신 거지요. 오늘부터 다른 사람을 기쁘게 하는 마음을 가져 보세요. 그 순간, 우리의 마음에 행복이 찾아옵니다.

차례

Lee Tae-Seok

1 가슴이 뜨거웠던 날 • 8
시크릿 포인트 : 다른 사람을 위해 공부하세요 • 30

2 세상에서 가장 귀한 건 생명 • 32
시크릿 포인트 : 유혹을 이기는 강한 힘을 기르세요 • 54

3 지긋지긋한 가난 • 56
시크릿 포인트 : 1등이 최고는 아니에요 • 78

4 소년병의 눈물 • 80
시크릿 포인트 : 다른 사람을 행복하게 해 보세요 • 98

5 세상을 향한 믿음 • 100
시크릿 포인트 : 다른 사람이 행복해지면 나도 행복해져요 • 120

6 공부하고 싶어요 • 122
시크릿 포인트 : 남에게 베푸는 법을 먼저 배우세요 • 142

7 쿵쿵짝짝! 브라스 밴드 • 144
시크릿 포인트 : 꿈을 이루려면 인내하세요 • 168

8 떠났지만 떠나지 않은 신부님 • 170
시크릿 포인트 : 마음의 꽃밭에 물을 주세요 • 186

1 가슴이 뜨거웠던 날

그 후로 태석은 고아원 앞을 지날 때마다 아이들을 물끄러미 바라봤다. 마음속으로 '내가 너희들보다 행복해서 미안해······.'라는 말을 되뇌었다.

"태석아, 놀자. 태석아, 노올자."

아이들의 목소리가 집 밖에서 들렸다.

태석은 읽던 책을 내팽개치고 뛰어나갔다.

"태석아, 어디 가는 거니?"

누나가 뒤에서 불렀다.

"친구들이랑 놀고 올게."

"하루 종일 놀고서 또 놀겠다고?"

"히히, 잠깐만 다녀올게! 아까 놀았던 친구들은 윗마을 애들이고, 이번엔 옆 마을 애들이 부르는 거란 말이야."

태석은 누나에게 손을 흔들어 보이고는 잽싸게 골목을 향해 뛰어갔다. 태석에게는 친구가 아주 많았다. 친구들은 늘 태석을 따르고, 함께 하고 싶어 했다. 아마 태석이 햇살처럼 밝은 표정, 따뜻한 마음을 가진 아이여서 그랬나 보다.

이태석은 1962년 부산에서 태어났다. 태석에게는 가족이 아주 많았다. 형과 누나들이 무려 여덟 명이나 됐고, 태석 밑으로도 동생이 한 명 더 있었다. 그러니까 태석의 형제는 모두 열 명이나 되었다.

복작복작하는 열한 명의 가족들은 작은 방 한 칸에 모여 살았다. 아버지는 태석이 어렸을 때 돌아가셨기 때문에 어머니 혼자 열 남매를 책임져야만 했다. 그러다 보니 사고 싶은 것을 마음대로 살 수도 없었다.

아니, 사고 싶은 것은커녕 똑바로 다리를 펴고 누워 잘 수도 없을 정도로 가난한 형편이었다. 그래도 태석은 집이 좋았다. 형제도 많고, 웃음이 떠나지 않는 집. 그곳이 태석에게는 천국처럼 행복한 곳이었다.

태석의 집은 부산의 송도 해수욕장 부근이었다. 해수욕장 부근이니까 무척 근사할 것 같다고 생각할 수 있겠지만, 태석이 어린 시절을 보낼 때만 해도 송도 해수욕장 부근은 판자촌이었다.

전쟁 때 피난을 온 사람들이 나무판을 구해다가 얼기설기 집을 짓고 살아가는 곳이었다. 겨울이면 널빤지 사이로 찬 바람이 숭숭 들어오고, 여름이면 열기 때문에 숨이 차서 견딜 수 없는 곳이 바로 판자촌이었다. 이태석 신부는 그런 집에서 무려 열 명이나 되는 형제들과 아옹다옹거리며 살았다.

"엄마, 또 바느질해?"

태석이 엄마 옆에 바짝 붙은 채로 물었다. 엄마는 바늘에다 실을 꿰면서 건성으로 대답했다.

"왜?"

"엄마, 우리 가족은 언제 소풍 가?"

"소풍? 갑자기 웬 소풍 타령이야."

"옆집 민수는 소풍 간대."

"엄마가 바느질을 하루라도 안 하면, 우리 열한 식구가 먹고 살 수가 없잖니."

"그렇겠지……?"

엄마는 삯바느질을 했다. 엄마는 바느질 솜씨도 좋고, 손이 빠르고 꼼꼼해서 옷을 금방 만들었다. 그 덕분에 태석네 열한 식구가 겨우 밥을 먹고살 수 있는 것이다.

태석은 가끔씩 하루 종일 바느질만 하는 엄마가 야속하다는 생각이 들었다. 그래도 집이 가난해서 슬프다거나, 힘들다는 생각은 해 본 적이 없었다.

"얘들아, 배고프지 않아?"

산에서 뛰어놀던 어느 날이었다. 하루는 한 아이가 갑자기 "뭐든 먹고 싶어."라며 울상을 지었다.

"나도. 나도 어제저녁부터 굶었어."

"뭐든 아삭아삭 씹어 먹었으면 좋겠다!"

아이들이 덩달아 배가 고프다며 칭얼거렸다. 그때였다. 한 아이가 저 건너에 있는 무밭을 가리키며 소곤거렸다.

"우리, 저기 있는 저거라도 캐먹을까?"

파란 무의 잎과 줄기가 태석과 아이들을 유혹하는 것만 같았다. 아이들은 우르르 무밭으로 기어갔다. 누가 먼저랄 것도 없이 고사리 같은 손으로 흙을 파서 무를 캐냈다. 아이들은 무에 묻은 흙을 옷소매로 쓱 닦아 내고는 아삭 깨물었다.

"후아!"

매운 맛에 혀가 얼얼했다. 몇 끼 굶은 아이들은 정신없이 우걱우걱 무를 씹어 먹었다.

"이 녀석들! 지금 뭣들 하는 것이냐!"

무밭 주인 할아버지가 소리를 질렀다.

아이들은 부리나케 도망을 가기 시작했다. 얼마나 달렸을까. 태석이 성큼 발을 내딛다가, 무언가를 밟고 말았다. 순간 태석의 몸이 아래로 푹 꺼져 들어갔다. 동시에 지독한 냄새가 코를 찔렀다.

"우웩! 이건 거름 구덩이잖아!"

태석이 비명을 질렀다. 태석이 밟은 건 밭에 뿌릴 거름을 모아 둔 구덩이였다. 그 속에는 똥과 오줌이 잔뜩 들어 있었다.

"이대로 집에 들어가면 엄마한테 엄청나게 혼이 날 텐데……."

태석이 울상을 짓자 아이들이 개울가로 가자고 했다.

태석은 아이들과 개울로 몰려갔다.

"물총이다!"

"앗, 반칙이야!"

아이들은 옷을 훌렁 벗어 던지고서 물놀이를 했다.

어느새 해가 저물고, 하늘은 저녁노을로 붉게 물들었다.

태석은 아이들과 함께 바위에 앉아 노래를 불렀다.

태석의 목소리는 아주 고왔다.

"저기에 코가 아주 큰 신부님이 산다."

집으로 가는 길에 아이들이 어떤 건물을 가리키며 말했다. 아이들은 담장에 매달려 그 안을 들여다봤다. 그 안에 아이들이 아주 많았다.

"여기 학교인가 봐?"

"학교가 아니라 고아원이야. 저 애들은 모두 엄마 아빠가 없대. 전쟁 때 엄마 아빠가 죽은 고아들이래."

"엄마 아빠가 없다고?"

태석은 한참 동안 그 아이들을 바라봤다. 엄마 아빠가 없다는 얘기를 듣자 마음이 찡해지며 아파서 견딜 수가 없을 지경이었다. 그날, 태석은 한참 동안 자리를 뜨지 못했다. 그 후로 태석은 고아원 앞을 지날 때마다 아이들을 물끄러미 바라봤다. 마음속으로 '내가 너희들보다 행복해서 미안해…….'라는 말을 되뇌었다.

"태석아, 여기서 뭘 하는 거야?"

어느 날, 누나가 고아원 앞에 서 있는 태석을 보고 물었다.

"누나, 저기 있는 저 아이들은 부모가 없대."

태석이 슬픈 목소리로 말했다.

"여기는 고아원이니까 그렇지. 어서 집에 가자."

"누나, 내가 저 아이들을 위해 해 줄 수 있는 게 없을까?"

태석은 갑자기 누나 얼굴을 보자 눈물이 났다.

"왜 울고 그래? 어서 집에 가자. 여기서 네가 이러고 있다고, 저 아이들이 행복해지는 건 아니잖아?"

누나는 태석의 눈물을 닦아 주며 위로했다.

"내가 저 아이들을 위해 해 줄 수 있는 게 아무것도 없다는 게 슬퍼. 그래서 자꾸 눈물이 나. 이렇게 저 아이들이랑 같이 있어 주고 싶어. 그러면 저 아이들의 슬픔을 내가 나눠 가질 수 있지 않을까?"

태석의 눈에서 굵은 눈물방울이 주르륵 흘러내렸다.

누나가 손을 잡아끌었지만 태석은 한 발자국도 움직이려고 하지 않았다. 그 모습을 본 누나의 눈시울이 붉어졌다.

"우리 태석이 참 착하네."

누나는 태석의 머리를 쓰다듬었다.

"태석아, 저 아이들도 불쌍하지만 아직 네가 해 줄 수 있는 게 없잖니. 집에 가서 부지런히 공부하자. 그래서 훌륭한 어른이 되면 저 애들을 위해 뭔가 해 줄 수 있는 게 생기지 않겠니?"

"그치만……."

"그리고 집에 계신 어머니도 생각해야지. 네가 여기서 살게 되면 우리 어머니는 얼마나 마음 아파하시겠어?"

태석은 그제야 집에 계신 엄마가 떠올랐다. 손가락이 부르트도록 아침부터 밤까지 삯바느질을 하는 엄마가 눈앞에 어른거렸다.

태석은 엄마의 마음을 아프게 해서는 안 된다는 생각이 들었다. 엄마를 기다리게 해서도 안 된다는 생각이 들었다.

"다음에 다시 올게. 미안해. 꼭 올게."

태석은 그렇게 중얼거리면서 집으로 돌아갔다.

그날 밤의 일이다. 누나가 갑자기 무언가 생각난 듯 말했다.

"참! 태석아, 그 고아원 누가 세운지 알아?"

"미국 사람이 지은 거래. 그런데 왜 미국 사람이 우리나라에 와서 고아들을 돌보는 거야?"

"그분은 신부님이야. 소 알로이시오 신부님이란 분이지. 지난번에 뵌 적이 있는데, 너무나 좋은 분이시더라. 우리나라가 전쟁으로 수많은 사람들이 죽고 잿더미가 돼 버렸잖아. 그래서 그 신부님이 우리나라로 오신 거야. 고아들과 가난한 사람들을 위해 모든 것을 바치면서 도와주시는 거지. 엄마도 그 신부님에게 도움을 받고 있어."

누나의 말에 태석은 깜짝 놀랐다.

"엄마가?"

"그래, 소 신부님은 우리 같은 가난한 집을 위해 십자수를 놓는 일을 소개해 주었거든. 엄마도 소 신부님 소개로 십자수 일을 받아서 하잖아."

"아! 우리 집도 신부님이 도와주시는 거구나. 우리가 먹는 밥도, 우리가 입는 옷도 신부님이 도와주시는 거였구나!"

태석의 가슴이 찌르르 떨렸다.

얼굴도 모르는 신부님에게 도움을 받고 있었다니! 그 신부님께 어떻게든 감사의 마음을 전하고 싶었다.

"누나, 나는 어른이 되면 꼭 하고 싶은 일이 있어."

"그게 무슨 일인데?"

"고아원을 짓고 싶어. 그리고 어렵고 가난한 사람들을 돕고 싶어."

"그래, 태석이는 착하고 똑똑하니까 얼마든지 그럴 수 있을 거야."

태석은 누나의 손을 꼭 잡고 잠이 들었다.

고아들을 돕겠다는 꿈, 어렵고 가난한 사람들을 돕겠다는 꿈, 그것은 태석이 처음으로 가졌던 꿈이었다.

소 알로이시오 신부님은 세상을 떠나실 때까지 평생 동안 우리나라에서 살았다. 가난하고 버림받은 우리나라 사람들을 위해 일생을 바쳤다. 소 신부님은 두 번이나 노벨상 후보에 오를 정도로 세상 사람들에게 존경을 받았다. 태석은 소 신부님처럼 사람들로부터 존경받는 사람이 되고 싶다는 생각이 들었다.

그러던 어느 날, 겨울 밤의 일이었다.

"엄마, 실이랑 바늘이 어디 있어요?"

태석은 갑자기 집으로 뛰어 들어오면서 소리쳤다.

"갑자기 실과 바늘을 왜 찾는 거냐?"

"필요해요. 아, 여기 있구나. 엄마, 잠깐만 빌릴게요."

태석은 얼른 실과 바늘을 챙겨서 골목으로 달려 내려갔다.

골목 어귀에는 거지가 힘없이 쪼그리고 앉아 있었다. 그 거지의 옷은 너무 낡고 여기저기 찢어져 있었다.

태석은 그 모습을 차마 그냥 지나칠 수 없었다.

"기다리시게 해서 미안합니다. 제가 얼른 꿰매 드릴게요."

태석은 거지의 옷을 열심히 꿰매 줬다.

냄새가 나고 때가 꼬질꼬질했지만, 태석은 더럽다는 생각이 들지 않았다. 옷 사이로 들어갈 매서운 찬바람이 더 걱정이 되었다.

태석은 그렇게 동정심이 많은 아이였다.

한편, 태석은 똑똑해서 공부를 곧잘 하는 아이이기도 했다.

"이태석, 이번 시험도 모두 수를 받았구나."

시험 때만 되면 담임 선생님께서는 태석을 칭찬했다. 태석은 늘 시험에서 일등을 했기 때문이었다.

"태석이 넌 좋겠다. 공부도 잘하고, 주산도 잘하고……."

친구들이 부러운 목소리로 말했다.

"그것뿐이냐? 노래도 잘하고, 육상도 잘하잖아."

"맞아, 태석이는 지금까지 전체 과목을 계속 수만 받았어. 태석이 같은 친구를 바로 팔방미인이라고 한대."

"팔방미인이 뭐야?"

"못하는 게 없는 사람이란 뜻이지."

친구들은 너도나도 태석을 칭찬을 했다. 하지만 태석은 자기 자랑을 한마디도 한 적이 없었다. 태석은 시험 결과가 나오면 언제나 친구들보다 운이 좋았을 뿐이라고 생각했다.

"태석아, 넌 어떻게 못하는 게 없냐? 방법 좀 알려 줘라."

"뭐든 즐겁게 하면 돼. 공부나 운동이나 난 뭘 하든 즐거워."

"아하! 그래서 태석이는 얼굴이 항상 밝구나. 언제 봐도 싱글벙글 웃고 다니잖아."

"하하하! 내가 그랬나?"

태석은 얼굴이 빨개지면서 뒤통수를 긁적였다.

"태석아, 넌 뭐가 제일 좋아?"

"난…… 악기가 좋아."

태석이 솔직하게 말했다.

"악기?"

"응, 악기만 보면 이상하게 가슴이 두근거리면서 설레거든. 지난번에

거리를 걷는데 어디선가 너무나 아름다운 소리가 들리는 거야. 나는 태어나서 처음 듣는 소리였어. 마치 솜사탕이 입에 녹는 것 같기도 하고, 내 영혼을 두드리는 것 같기도 했어. 그래서 그 소리가 나는 곳으로 따라가 봤는데, 거기는 피아노 학원이었어."

태석은 꿈을 꾸는 듯한 표정으로 말했다.

"피아노를 배우면 되잖아."

친구가 말했다.

"나도 배우고 싶지만 피아노가 없잖아. 학교에도 없고. 우리 집은 어려워서 피아노 학원에 다닐 수 없거든."

"하긴 그래. 피아노는 부잣집 아이들이나 칠 수 있는 거지."

태석과 친구들은 한숨을 내쉬었다.

"아, 맞다! 나 피아노가 있는 곳을 알아!"

친구가 말했다.

"어딘데?"

"성당이야! 성당에 피아노가 있어!"

아이들은 그 길로 성당으로 달려갔다. 그런데 성당에는 피아노가 아니라, 피아노 비슷한 악기가 있었다. 그것은 풍금이었다.

"와! 난 이것도 좋아!"

태석은 그날부터 성당에 다니면서 풍금을 치기 시작했다.

누가 가르쳐 주는 사람이 없어서 혼자 연습해야 했다. 친구가 피아노 책을 구해 줬다. 태석은 수업이 끝나면 바로 성당으로 가서 밤늦게까지 풍금을 쳤다. 태석의 집중력은 놀라웠다. 혼자서 풍금을 시작한 지 얼마 되지 않았는데 실력이 쑥쑥 늘었다. 석 달이 지나자 태석의 연주 실력은 상당한 수준에 올랐다.

"이태석 군, 대단하군요. 어린이 미사에 참가해서 반주를 해 주지 않겠어요?"

성당의 신부님이 태석의 연주를 보며 부탁했다. 태석은 기쁜 마음으로 미사의 반주를 맡았다. 그렇게 여섯 달이 지나자 이번에는 어른들도 감동할 정도로 연주를 잘하게 되었다.

"이태석 군, 이제는 어른 미사에 반주를 부탁합니다."

태석이 치는 풍금 소리는 성당에 아름답게 울려 퍼졌다. 따뜻한 풍금 소리가 많은 사람들의 마음을 위로해 주었다.

태석은 이때까지만 해도 전혀 상상도 할 수 없었다. 자신이 좋아서 연습한 악기가 사람들에게 얼마나 큰 힘을 주게 될 것인지. 저 멀리 아프리카에서 전쟁으로 가족을 잃고 상처를 안고 사는 아이들에게 얼마나 크나큰 희망이 될 것인지…….

"신부님, 부탁드릴 게 있어요."

"뭔가요? 이태석 군."

태석은 우물쭈물하다가 어렵게 말문을 열었다.

"동네 아이들이 공부를 하고 싶어도 공부를 할 수가 없어서요."

"그게 무슨 말인가요?"

"이 동네는 거의 다 단칸방에서 여러 식구가 같이 살거든요. 그래서 너무 시끄러워 조용히 공부를 할 곳이 없어요. 학교가 끝나고 성당에 와서 공부를 하면 안 될까요?"

태석의 부탁에 신부님은 인자한 얼굴로 고개를 끄덕였다.

"공부를 하고 싶다면 내가 무슨 수를 써서라도 도와줄게요. 공부를 해야 미래가 있고, 희망이 있는 것입니다."

신부님은 동네 아이들을 위해 성당 한쪽에 공부방을 만들었다. 신부님은 책상과 의자를 구해 와 나란히 놓았다. 태석은 친구들과 함께 무조건 공부방으로 향했다. 그곳에서 밤늦도록 공부를 열심히 했다. 친구가 공부를 가르쳐 달라고 하면, 태석은 자기 공부를 접고 친구를 먼저 도와줬다.

잠시 쉬는 시간이면 태석은 친구들 앞에서 기타를 쳤다. 맑고 고운 목소리가 기타 소리와 어울려 성당에 조용히 울려 퍼졌다. 친구들도 함께 노래를 불렀다. 모두 행복한 표정이었다.

　태석은 친구들에게 기타를 가르쳐 주기도 하고, 고민이 있는 친구의 얘기를 들어주기도 했으며, 힘들고 어려운 친구를 도와주기도 했다. 친절하고 마음 착한 태석의 인기는 최고였다.

　고등학교를 졸업할 무렵, 태석은 자기 꿈을 정했다.

　의사가 되기로 한 것이다. 의과대학교에 입학한 태석은 누구보다 열심히 공부했다. 운동이나 음악도 열심히 했고, 봉사활동도 기회가 될 때마다 꼭 참여했다. 그렇게 하고서도 짬이 나면 성당 공부방으로 가서 아이들을 가르쳤다. 이때 태석에게 공부를 배운 아이들 가운데는 의사가 되거나, 판사가 된 아이들도 있다.

　군대에 가게 된 태석은 군의관으로 일했다. 태석이 일한 군 부대 지역에는 작은 성당이 하나 있었는데, 태석은 틈이 날 때마다 성당을 찾아갔다.

　"또 오셨네요!"

　"여기가 편해서요. 군대는 어쩐지 숨 막히고 답답하게 느껴지는데, 여기는 어머니 품처럼 아늑하고 좋아요."

　태석의 말을 들은 신부님은 불편한 장교 숙소에서 지내지 말고, 차라리 성당에서 지내는 게 어떻겠느냐고 물었다. 태석은 당장 짐을 쌌다.

성당에 처음 짐을 풀던 날, 태석은 문득 어린 시절 자신이 받았던 따뜻한 관심과 사랑이 얼마나 크고 값진 것이었는가 하는 생각이 들었다.

'내가 가야 할 길은 의사가 되는 게 아닐지도 몰라. 나는 그동안 받은 사랑을 되갚아 주어야만 해.'

태석은 가슴이 벅찼다. 자기가 진짜 가야 할 길이 무엇인지 뚜렷해지는 느낌이었던 것이다. 그날, 태석은 신부가 되기로 마음먹었다.

군대를 제대한 후 태석은 학교로 돌아가지 않았다. 대신, 신학 대학교를 기웃거리며 어떻게 하면 신부가 될 수 있을지를 고민했다.

"태석아, 요새 병원 일은 안 하는 거니? 예전처럼 바쁜 것 같아 보이질 않는구나. 전에는 잠 잘 시간도 부족하다면서 칭얼거리더니……."

하루는 어머니가 불쑥 물었다.

"그게……."

태석은 마음속으로 '저는 사제의 길을 가겠어요, 어머니.'라고 대답하고 싶었지만 선뜻 말을 꺼낼 수가 없었다.

일찍 아버지와 사별하고 혼자 힘으로 열 남매를 키워 주신 어머니. 그런 어머니에게 갑자기 신부의 길을 걷겠다고 말하면 얼마나 큰 실망을 하실까 싶었던 것이다.

"그래, 잘하고 있는 거야. 불평하지 말고 공부에만 집중해라. 네가 의사가 되면 우리 집안 형편도 좋아지겠지!"

"어머니……."

태석은 말끝을 흐리며 고개를 숙였다.

그런데 신기하게도 태석의 고민은 자연스럽게 해결이 되었다. 태석은 어머니 몰래 의료 봉사 수도회에 들어가서 수도 생활을 했는데, 그 사실을 우연히 어머니가 듣게 된 것이었다. 어머니는 별 말씀이 없으셨다. 아들이 진심으로 하고자 하는 것을 응원해 주어야 한다고 생각하셨던 것이다.

"엄마는 네 선택을 말리고 싶지만, 네가 얼마나 오랫동안 고민해서 정한 길일지 생각하면 차마 그럴 수가 없구나. 대신 훌륭한 신부님이 되어다오……."

어머니로부터 허락을 받은 태석은 서른한 살의 늦깎이 수도사가 되었다. 비록 남들보다 늦은 나이에 시작한 수도회 생활이었지만, 하루하루가 태석에게는 달콤하고 행복한 나날이었다.

'하고 싶은 일이 생긴다는 게 이런 거구나! 진짜 원하는 걸 하게 된 사람은 초인적인 힘을 발휘하게 되는 거구나.'

이때 일을 계기로 태석은 새삼 사람의 의지와 정신력에 대해 깊이 생각해 보게 되었다.

시크릿 포인트 1

다른 사람을 위해 공부하세요

"**세**상에서 가장 쉬운 게 공부였어요!"
전국에서 최고의 성적을 낸 우등생이 한 말입니다. 참 얄미운 말이지요? 1등을 했다는 것도 얄미운데, 공부가 가장 쉬웠다니요! 세상에서 가장 어렵고, 지겹고, 괴로운 게 공부 아닌가요?

하지만 생각을 조금 다르게 해 보세요. 공부하는 게 즐겁고, 공부를 하면 행복해지는 사람도 있답니다. 그리고 내가 공부를 열심히 하면 내 주변 사람들까지 행복하게 해 줄 수 있어요.

공부는 1등을 하기 위해 하는 게 아닙니다. 무조건 다른 사람을 이기기 위해 하는 것이 아닙니다. 돈을 잘 벌려고 하는 것도 아니고, 혼자 잘 먹고 잘살려고 하는 것도 아니지요.

공부는 행복해지려고 하는 거예요. 돈이 많으면 행복해질까요? 그렇지는 않아요. 진짜 행복은 남을 위해 돈을 쓰는 거지요. 남을 위해 무엇을 하면 우리는 행복해져요. 왜냐하면

자기 스스로를 좋은 사람이라고 느끼게 되거든요.

공부를 하면 남을 위해 무엇을 해 줄 수 있는 능력이 생겨요. 의사는 병을 고쳐 줄 수 있는 능력이 생기고, 판사는 억울한 사람을 구해 줄 수 있는 능력이 생기지요. 의사나 판사 같은 직업을 가지지 않아도 돼요. 공부를 하면 남을 위해 무엇을 해 줄 수 있는지 알게 돼요. 그래서 공부는 우리를 행복하게 해 주는 거예요.

공부는 우리에게 목표를 갖게 해 줘요. 한 대학교에서 대학생들을 대상으로 조사를 했어요. 목표가 있는 대학생과 그렇지 않는 대학생이 있었지요. 15년이 지나 그 대학생들을 다시 찾아 조사를 했어요. 그러자 목표가 있는 대학생이 훨씬 행복한 삶을 살고 있었어요.

공부를 할 때 그냥 해야 하니까 하는 거라고 생각하면 공부가 지겨울 수밖에 없어요. 목표를 정해서 공부하세요. 그러면 행복해질 수 있지요. 그리고 그 목표가 단지 돈을 많이 벌고, 혼자 잘 먹고 잘살겠다는 게 아니라, 친구, 가족, 사회를 위한 목표를 갖는다면 우리는 앞으로 훨씬 만족스럽고 행복한 삶을 살 수 있어요.

2 세상에서 가장 귀한 건 생명

"세상에서 가장 귀한 건 생명이잖아요.
지금 톤즈에는 귀한 생명이 죽어가고 있습니다.
그런데 아무도 그곳으로 가려고 하지 않습니다."

어디로 선교 답사를 갈 거냐는 물음에 이태석 신부는 세계 지도를 펼쳤다. 이태석 신부는 손가락으로 아프리카 대륙 북동쪽에 있는 '수단'이라는 나라를 톡톡 찍어 보였다.

"아프리카 수단?"

"예, 선교 답사지로 이곳을 정했어요."

이태석 신부는 흔쾌히 고개를 끄덕였다.

사람들이 하필 아프리카 수단까지 가기로 결심한 이유가 뭐냐고 물었다. 이태석 신부는 그저 꼭 한 번 가 보고 싶은 나라였다며 멋쩍게 웃었다. 말은 그렇게 했지만, 사실 이태석 신부가 수단에 가기로 마음먹은 건 그곳 아이들 때문이었다.

수단은 50년째 내전이 계속되고 있는 나라였다. 그곳에서는 어린아이도 책 대신 총을 들어야만 했다. 정부군이 된 아이는 반란군과 맞서 싸우고, 반란군이 된 아이는 정부군과 맞서 싸웠다. 이태석 신부는 그런 아이들을 위해 무언가 자신이 할 일이 있을 거라고 생각했던 것이다.

　1999년 여름, 이태석 신부는 아프리카 케냐로 가는 비행기에 몸을 실었다.

　"숨 막힐 정도로 더울 거라고 생각했는데……."

　케냐 공항에 도착한 이태석 신부는 몸을 움츠렸다.

　케냐는 우리와는 반대로 7~8월이 추운 겨울이었다. 겨울이라고 해서 기온이 영하로 내려갈 정도로 추운 것은 아니지만, 짧은 소매의 셔츠를 입고 돌아다니기엔 쌀쌀함이 느껴지는 날씨였다.

　"저런! 옷을 제대로 준비하지 않으셨나 봐요?"

　"더운 나라일 거라고만 생각했어요."

　"한국에선 3월에 꽃이 피지만, 여기선 10월에 꽃이 피어요. 반대죠."

　이태석 신부와 일행을 수단까지 안내해 줄 가이드가 말했다.

　"계절로 치면 우리가 겨울일 때 아프리카는 봄인 거네요."

　이태석 신부는 한쪽에는 눈이 내리고, 또 다른 한쪽에는 꽃이 활짝 피어 있는 들판을 상상해 보았다. 어느 한 곳이 추위에 잔뜩 움츠리고 있을 때에도 다른 한 곳에서는 꽃이 피고, 새싹이 돋아난다는 사실이 새삼 가슴에 와 닿았던 것이다.

이태석 신부는 가이드의 도움으로 케냐를 거쳐 수단으로 가게 되었다.

수단은 아프리카 대륙 북동부에 있는 나라이다. 땅의 넓이를 비교하자면 남한과 북한을 합친 한반도 전체 면적의 열한 배쯤 될 것이다.

"수단은 아프리카에서 가장 큰 나라지요."

"인구가 많나요?"

이태석 신부의 물음에 가이드는 고개를 가로저었다.

"겨우 삼천오백만 명 정도예요."

수단에 사는 사람의 수는 우리나라의 절반 정도밖에 안 된다. 게다가 수단 사람들의 평균 수명은 50세에 불과하다고 했다. 선진국 사람들의 평균 수명이 80세 전후인 것과 비교하자면 터무니없이 짧은 삶을 사는 것이다. 그늘진 수단 사람들의 얼굴을 보자 이태석 신부의 가슴 한쪽이 찡하게 아려 왔다.

"먹어 볼래요?"

가이드가 이태석 신부를 향해 불에 구운 옥수수를 내밀었다.

이태석 신부가 옥수수를 한입 베어 물었다. 딱딱해서 도저히 씹을 수가 없었다. 이태석 신부와는 달리 가이드는 옥수수를 잘근잘근 잘도 씹었다.

"먹어 두는 게 좋을걸요."

"아뇨, 됐어요."

"수단에 가면 이렇게 딱딱한 옥수수조차 그리울 거예요. 거기선 구경조차 하기 힘든 음식이니까요."

"이런 옥수수를 구경하기도 힘들다고요?"

"수단은 시간이 비켜 가는 곳이에요."

가이드가 말끝을 흐리며 고개를 돌렸다.

"무슨 뜻인가요?"

"직접 가 보면 알 거예요."

수단의 북쪽에는 아랍계 주민이 살고 있고 남쪽에는 원주민들이 살고 있었다. 아랍계 주민의 대부분은 백인이고, 원주민들은 흑인들이었다.

비록 같은 나라에 살고 있지만 서로 다른 피부색을 가진 사람들에게는 다른 점이 많았다. 백인들은 부유할 뿐만 아니라, 많이 배워서 똑똑하지만 흑인들은 대체로 가난하고, 교육 수준도 낮았다. 이런 이유로 북쪽의 아랍계 사람들은 남쪽 원주민들을 노예처럼 부려 왔다. 그런 와중에 남쪽에서 '유전'이 발견되었다.

북쪽의 아랍계 주민들은 남쪽의 유전을 빼앗으려고 했고, 원주민들은 그것을 빼앗기지 않으려고 싸웠다. 이 싸움은 50여 년이 넘도록 계속되었고, 지금까지 무려 2백만 명 이상의 사람들이 목숨을 잃어야만 했다. 다르푸르 지역의 아프리카계 부족들이 한꺼번에 30만 명이 희생된 '다르푸르 분쟁'도 바로 수단에서 일어난 일이었다.

이태석 신부가 머물기로 한 곳은 '톤즈' 지역이었다. 톤즈는 수단의 남쪽에서도 가장 위험한 분쟁 지역이었다.

"맙소사……."

톤즈 시내를 둘러본 이태석 신부는 입을 다둘 수가 없었다.

사람들의 생활은 이루 표현할 수 없을 정도로 비참했다. 톤즈에는 제대로 된 건물 하나가 없었다. 시내의 길은 온통 진흙 길이었다. 당연히 제대로 된 교통수단도 없었다. 열악한 것은 비단 도시 시설뿐만이 아니었다.

대부분의 사람들은 하루에 한 끼도 제대로 먹지 못하고 지냈다. 물을 구하려면 몇 시간을 걸어가야 했고, 농사를 지을 땅도 변변치 않았다. 비쩍 마른 아이들이 거리 곳곳에 울고 있었지만 누구도 돌보아 주지 않았다. 아니, 누구도 다른 사람을 돌볼 수가 없는 처지였다.

이태석 신부는 이곳 사람들을 위해 무언가를 해 주고 싶었다. 하지만 도대체 무엇을 먼저 해야 할지 막막하기만 했다. 이태석 신부가 톤즈에 머물 수 있는 시간은 불과 열흘 남짓이었다. 그 시간 중 이틀은 도로에서 버렸으니, 그나마 봉사를 하고 현지답사를 할 수 있는 시간은 일주일도 되지 않았다.

눈 깜짝할 사이에 열흘이 지났다. 이태석 신부는 별로 한 일도 없이 짐을 꾸려야만 했다.

"돌아가시게요?"

그동안 이태석 신부의 뒤를 따라다니며 잔심부름을 거든 아이가 물었다. 이태석 신부는 고개를 끄덕였다. 아이는 그럴 줄 알았다는 표정으로 서 있었다.

"지금은 돌아가야 해. 학교도 졸업해야 하고, 할 일이 많거든. 꼭 다시 올게."

"여길 찾았던 사람들은 대부분 그렇게 얘기해요. 하지만 누구도 돌아오지 않았어요. 이곳은 사람이 살 수 없을 정도로 열악한 곳이니까요."

"아니, 난 반드시 돌아올 거야."

이태석 신부는 아이를 꼭 끌어안으며 말했다. 그것은 스스로에게 하는 다짐이기도 했다.

다시 한국으로 돌아온 이태석 신부는 신학대학교를 졸업하고 신품성사를 받았다. 신품성사른 다른 말로 '서품'이라고도 하는데, 가톨릭에서 봉사할 수 있는 직위를 갖는 것을 말한다. 서품을 받고 신부가 된 이태석 신부는 곧장 가방을 쌌다. 비자와 여권을 준비하고, 그곳에서 생활할 때 필요한 것들을 하나씩 준비했다.

"떠나시겠다니요!"

"그것도 아프리카로 가시겠다고요?"

"한국에도 어려운 곳이 많은데 꼭 아프리카르 가야만 합니까?"

사람들은 이태석 신부를 말리려고 했다. 하지만 이태석 신부의 결심은 변하지 않았다.

"세상에서 가장 귀한 건 생명이잖아요. 지금 톤즈에는 귀한 생명이 죽어가고 있습니다. 그런데 아무도 그곳으로 가려고 하지 않습니다."

"힘들 게 뻔하니까 그렇죠!"

"그러니 저라도 가야겠습니다. 다른 사람들은 힘들어서 안 가려고 할 테니까요."

이태석 신부는 미련 없이 톤즈를 향해 떠났다.

2001년 12월의 일이었다.

그 무렵의 톤즈는 찜통처럼 무더웠다.

11월에서 2월까지는 비도 내리지 않는다. 무려 40~50℃를 오르내리는 불볕더위가 계속되는 날씨에 적응하기란 쉬운 일이 아니었다. 우리 식으로 치면 찜질방 한증막에서 밥을 먹고, 잠을 자고, 움직여야 할 정도니까.

가끔씩 시원한 맥주나 콜라가 마시고 싶을 때가 있었지만, 그런 건 상상 속에서나 가능한 일이었다. 한번은 자원봉사자한테 얻어 온 콜라 한 병을 창가에 놓아 두었더니 뜨거워져 마실 수 없게 되어 있었다. 결국 이태석 신부는 콜라를 바라보며 군침만 흘려야 했다.

"아, 시원한 콜라 한 모금만 마시면 좋겠다."

그날 밤, 이태석 신부는 자다 말고 일어나서 혼잣말을 했다. 얼마나 더웠으면 자다가 시원한 콜라를 마시는 상상을 하고 깼을까.

숨 막히는 찜통더위보다 괴로운 것은 벌레와의 전쟁이었다. 아프리카에서는 단 10분도 편하게 잠을 잘 수가 없었다. 밤마다 지네, 모기는 물론이고 이름도 모르는 온갖 벌레들과 싸워야만 했기 때문이다.

살충제를 뿌리고 모기장을 쳐도 소용이 없었다. 벌레에 물린 자리는 순식간에 부풀어 올랐다. 이태석 신부는 벌레 물린 자리가 너무 가려워 긁다 보니 나중에는 살갗이 벗겨지고, 피가 났다. 그래도 이태석 신부는 씩씩하게 톤즈 생활에 적응해 갔다.

그러던 어느 날이었다. 이태석 신부의 생활을 지켜보던 다른 선교사가 물었다.

"신부님, 말라리아 약은 드셨어요? 며칠째 약을 안 드시는 것 같아서요."

"아예 안 먹으려고요."

"예? 그러다 말라리아에 걸리기라도 하면 어쩌려고요!"

"그럼 어쩔 수 없죠."

이태석 신부는 싱긋 웃었다.

말라리아는 모기 때문에 감염되는 열병이다. 아프리카처럼 25℃의 고온이 계속되는 지역은 말라리아를 전염시키는 모기가 자라기 가장 좋은 환경이다. 때문에 아프리카 사람들은 늘 말라리아를 감염시키는 모기와 전쟁을 벌여야만 한다.

말라리아에 걸리면 열이 39~41℃까지 올라간다. 얼굴은 끓는 가마

솥처럼 벌겋게 달아오르는데, 이상하게도 자꾸 춥고 으슬으슬거리는 게 특징이다. 이렇게 앓다 보면 정신을 잃고 쓰러져 급기야 목숨을 잃는 경우도 생긴다.

그래서 아프리카를 찾는 사람들은 꼭 말라리아 예방주사를 맞고, 약을 먹어야만 한다. 하지만 문제는 이 약이 너무 독해서 오랫동안 먹을 수 없다는 것이었다. 약을 계속 먹을 경우 간에 무리가 갈 뿐만 아니라, 다른 장기까지도 손상될 수 있었다. 그러다 보니 막상 아프리카에 사는 원주민들은 말라리아 약을 먹지 못하고 살았다.

'원주민들한테 말라리아는 감기 같은 거야. 저 사람들도 이겨 내는 병을 유난 떨면서 무서워할 필요는 없지.'

이태석 신부는 말라리아의 고통이 찾아와도 고스란히 받아들였다. 아프리카에서 살아가려면 이 정도 고통에는 익숙해져야 한다고 생각했던 것이다.

이태석 신부가 톤즈에 와서 제일 먼저 한 일은 진료소를 새로 짓는 것이었다.

원래 톤즈에도 진료소가 있었다. 하지만 그곳은 환자를 돌볼 수 있는 여건이 갖추어지지 않은 곳이었다. 흙과 나뭇가지로 얼기설기 지어진 세 칸짜리 움은 안으로 금방이라도 무너질 듯 위태로워 보였다. 안으로 들어가려면 허리를 90도로 꺾어야만 했다. 다리를 다친 환자들은 감히 들어갈 수도 없는 곳이었다. 게다가 전기도 들어오지 않았고, 제대로 된 시설도 갖춰져 있지 않았다.

진료소 곳곳을 둘러본 이태석 신부는 앞이 캄캄했다.

"여기서 환자를 돌봐야 하는 겁니까?"

이태석 신부가 망설일 때였다.

서너 명의 남자들이 진료소 앞마당까지 찾아왔다. 이태석 신부는 남자들이 짊어진 담요를 가만히 바라보았다. 담요 속에는 환자가 들어 있었다. 환자를 이송할 들것이 없어서 그렇게 데리고 왔던 것이다.

남자들은 이태석 신부에게 무엇인가를 계속 말했다. 아프리카 말에 서툰 이태석 신부로서는 알아들을 수 없는 말이었다. 비록 그들이 하는 말은 한마디도 알 수 없었지만, 도와달라는 눈빛만은 절실히 느낄 수가 있었다.

이태석 신부는 환자를 살펴보았다. 환자는 아이를 유산한 임산부였다. 피를 너무 많이 흘려서 목숨이 위태로운 상태였다.

"환자가 피를 너무 많이 흘렸어요. 일단 포도당부터 주세요."

이태석 신부가 간호사에게 말했다. 그러자 간호사가 찬장 깊숙한 곳에서 포도당 용액을 꺼내 왔다. 포도당 비닐 위에는 먼지가 수북하게 쌓여 있었다.

"이것밖에 없습니까?"

간호사는 대답 대신 고개만 끄덕였다. 환자가 고통스러운 듯 숨을 쌕쌕거렸다. 상태가 심각했다. 이태석 신부는 응급조치를 하기 위해 지혈대를 달라고 부탁했다.

"지혈대를 달라니까요."

하지만 간호사는 멀뚱멀뚱 서 있기만 했다.

"그런 건 없어요."

다급해진 이태석 신부는 환자의 팔을 누른 채 혈관을 잡아 주사바늘을 연결했다. 이건 마치 칼이 없어서 펜치랑 망치로 수술을 하는 것이나 마찬가지였다. 다행히 환자는 살릴 수 있었다.

환자가 안정을 취하자 이태석 신부는 톱과 망치를 들고 밖으로 나왔다.

"이 밤중에 무얼 하시려고요?"

사람들이 물었다.

"진료소를 다시 지어야 해요. 의료 장비와 물품은 구호품으로 받을 수 있지만, 이런 환경에서는 환자를 살리기 어려워요."

톤즈에 온 첫날 밤 이태석 신부는 진료소를 다시 짓기 시작했다.

이태석 신부가 톤즈 생활에 적응하기란 여간 힘든 게 아니었다. 더위와

벌레는 익숙해질 수 있었지만 먹는 것은 좀처럼 적응하기가 힘들었다.

톤즈 사람들은 유목을 한다. 주로 소와 염소를 키우고, 가끔은 수수와 옥수수, 땅콩 따위를 재배해 먹기도 한다. 그러다 보니 사람들에게 먹을 것이라고는 들이나 밀림에서 구한 열매가 전부였다. 옥수수 가루를 반죽해서 '우갈리'라는 것을 해 먹기도 하는데 이것은 정말 귀한 음식이었다.

양파, 감자 같은 것은 구하기도 힘들었고, 양념 같은 것은 아예 없었다. 그나마 쓰는 양념이라고 해 봐야 기름과 소금이 전부였다.

"신부님, 음식이 입에 잘 안 맞으시죠?"

"괜찮습니다."

"괜찮긴요, 요 며칠 제대로 못 드신 것 같던데. 시내에 가서 장을 좀 봐 올까요? 거기 가면 마트가 있거든요."

"그런 곳도 있습니까?"

"여기도 사람 사는 곳인데 마트 같은 게 없겠습니까? 물건이 넉넉하진 않지만 의자, 신발, 음식 재료 등등 없는 게 없어요."

이태석 신부는 자원봉사자를 따라 마트에 가 보았다.

톤즈 시내에 있는 마트는 우리나라의 소형 슈퍼마켓쯤 되는 규모였다. 마트에서는 필요한 물건을 주문하면 직접 사 주기도 한다. 대신 물건을 비행기로 배송 받기 때문에 보름 정도가 걸렸다.

"캔 음료 하나에 만 원? 왜 이렇게 비싸요?"

"여기선 구하기 힘든 거니까요. 여기서도 신발이나 의자, 텔레비전, 라디오 같은 걸 구할 수는 있어요. 대신 부르는 게 값이죠."

"이렇게 비싸면 원주민들이 쓸 수가 없을 텐데."

"에이, 원주민들은 이런 걸 쓰겠다는 꿈도 안 꿔요."

톤즈의 물가는 선진국보다 두세 배 정도 더 높았다. 특히 플라스틱 의자나 옷, 신발 같은 것은 부르는 게 값일 정도로 비쌌다. 소득이 거의 없는 원주민들은 그런 상품을 아예 쓸 생각조차 하지 않았다. 양파나 감자 같은 것은 부자들만 먹는 음식이라고 생각할 정도이니 더 설명해 무엇 할까.

이태석 신부는 마치 타임머신을 타고 과거로 온 것만 같았다. 전기도 쓸 수 없고 전화나 텔레비전, 냉장고나 자동차 같은 것도 없는 땅. 아주 오래전부터 그들만의 방식으로 살아온 땅, 톤즈…….

이태석 신부는 이곳에서 어떻게 버텨 내야 할지 막막해졌다.

"필요한 물건이 없으세요?"

마트 점원이 물었다.

이태석 신부는 맥주 캔 하나를 집으려다 말고 멈추어 섰다. 시원한 맥주를 마시고 싶다는 생각이 굴뚝같았지만, 차마 톤즈의 원주민들을 생각하면 그럴 수가 없었다. 맥주 한 캔 값이면 원주민들의 몇 끼 식사와 맞먹기 때문이었다. 이태석 신부는 대신 식품 코너로 가서 달걀 몇 개를 집어 들었다.

"달걀 값은 그나마 싸군요."

하지만 먹을 게 부실해서 그런지 달걀의 크기도 메추리알만큼 작았다. 프라이를 만들려면 서너 개는 필요할 정도였다.

그날 밤, 이태석 신부는 돌판 위에다 식용유를 두르고 프라이를 만들었다. 이태석 신부가 프라이를 한입 먹으려고 할 때였다. 언제 왔는지, 마을 원주민 아이들이 옹기종기 서 있었다. 아이들은 이태석 신부를 부러운 눈으로 바라보았다.

"먹고 싶니?"

아이들이 고개를 끄덕였다.

"자, 먹어."

이태석 신부는 아이들에게 프라이를 내밀었다. 아이들이 까만 손을 뻗었다. 처음에는 이태석 신부의 눈치를 살피더니, 이내 허겁지겁 먹기 시작했다. 이태석 신부는 그 모습을 잠자코 바라보았다.

이곳 아이들은 옷도 윗옷만 입고, 맨발로 다닌다. 옷과 신발이 부족

하기 때문이다. 아이들에게는 무엇도 넉넉한 것이 없다. 늘 배가 고파서 망고나무 열매로 허기진 배를 채워야 한다. 물도 마음껏 마실 수가 없다. 물을 구하려면 4~5킬로미터가 넘는 거리를 걸어가야 하기 때문이다.

"사탕 먹을래?"

이태석 신부가 아이들에게 사탕을 내밀었다. 그러자 아이들은 껍질도 벗기지 않은 사탕을 입속에 넣으려고 했다. 이태석 신부는 손으로 사탕 껍질을 까 주었다.

"이렇게 먹는 거야."

이태석 신부가 시범을 보였다. 아이들은 커다랗고 까만 눈을 반짝이며 이태석 신부를 따라 했다. 순간, 아이들의 표정이 밝아졌다. 입안 가득 달콤한 맛이 퍼졌던 것이다.

"아저씨는 이름이 뭐예요?"

아이들이 사탕을 준 친절한 사람의 이름을 기억하고 싶다며 물었다. 이태석 신부는 "태······." 하고 한국 이름을 말하려다가 머뭇거렸다.

"이름이 없어요?"

아이들이 큰 눈을 깜빡거리며 물었다.

"그래, 마땅한 이름이 없구나. 너희가 이름을 지어 줄래?"

아이들은 잠시 고민하더니, "쫄리요!" 하고 대답했다.

"쫄리?"

"멋진 이름이죠?"

아이들이 방긋 웃으며 물었다. 이태석 신부는 힘차게 고개를 끄덕였다.

"그래, 쫄리! 정말 멋지구나."

아이들이 웃으면서 돌아갔다. 이태석 신부는 아이들이 떠난 자리를

한참 동안 바라보았다. 그 모습을 본 자원봉사자가 물었다.

"무얼 그렇게 보세요?"

"톤즈를 보는 겁니다."

"예?"

"이곳…… 톤즈는 뭐든 부족해요. 먹을 게 없을 거라고 생각하긴 했지만 이 정도로 부족할 거라곤 생각도 못했어요. 우리나라에선 마음 놓고 쓰던 것들을 쓸 수도 없어요. 전기가 없으니까요. 화장실에 갈 때는 휴지도 없죠. 풀잎으로 뒤를 닦아야 한다니, 정말 상상도 못했던 일이에요."

이태석 신부의 말에 자원봉사자가 웃음을 터트렸다.

"하하, 그래서 대부분의 자원봉사자들이 한 달 이상을 못 버티고 돌아가는 겁니다."

"네, 정말 불편해요. 더워서 움직일 때마다 땀이 주르륵 흐르는데 샤워도 마음 놓고 할 수가 없어요."

이태석 신부는 혼잣말처럼 중얼거렸다.

마땅한 교통수단이 없으니 여기서는 걸어 다니는 수밖에 없다. 한 걸음 걸을 때마다 온몸에서 땀이 뚝뚝 떨어졌다. 그래도 이곳의 아이들은 하루에 30킬로미터를 넘게 걷는다. 아이들의 발바닥은 굳은살 때문에 돌덩이처럼 단단했다.

"고국으로 돌아가고 싶으세요?"

"전혀 그런 생각이 들지 않는다면 거짓말일 거예요. 이곳은 정말 불편한 곳이니까. 하지만…… 저는 톤즈가 좋습니다."

이태석 신부는 그개를 들어 하늘을 바라보았다. 무수하게 많은 별이 반짝거렸다. 손을 뻗으면 별들이 우수수 떨어져 내릴 것만 같았다.

"이 반짝이는 하늘이 좋아요. 그리고……."

이태석 신부는 별처럼 반짝이는 아이들의 눈망울도 좋았다.

이곳 아이들은 부끄러움을 모른다. 아픈 곳이 어디냐고 물으면 옷을 훌렁 벗어던지고 "여기!"라며 이태석 신부의 손을 잡아당긴다. 처음에는 그런 모습이 낯설고 당황스러웠다. 하지만 그것은 때 묻지 않는 순수함이 있기 때문에 가능한 행동이었다.

"저는 이곳 톤즈 아이들의 까만 눈을 들여다보는 게 정말 좋아요. 하느님이 사람을 만들 때 톤즈 아이들의 눈동자는 더 예쁘게 간드신 것 같아요."

이태석 신부는 아이들의 모습을 떠올리며 빙그레 웃었다.

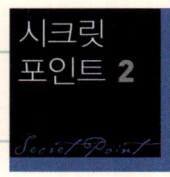

시크릿 포인트 2

유혹을 이기는 강한 힘을 기르세요

천국은 어떤 모습일까요? 상상해 보세요. 구름처럼 푹신한 침대에 누워 하루 종일 빈둥거리면서 텔레비전을 보고, 달콤한 음식을 배부르게 먹고, 졸리면 자고, 마음껏 게임을 하는 곳일까요? 힘든 일은 조금도 안 하고 빈둥빈둥 게으르게 사는 곳일까요?

만약 천국이 그런 곳이라면, 천국은 정말 재미없는 곳일 거예요. 며칠만 그런 천국에 살아봐도 지겨워서 숨이 막힐 거예요. 그런 천국에 사는 사람은 게으름뱅이, 잠꾸러기, 게임 중독자들이겠지요.

천국은 행복하게 사는 사람들이 모인 곳일 거예요. 행복하게 사는 사람은 스스로 자기 몸과 마음을 조절할 줄 아는 사람이지요. 유혹에 빠져서 자기 몸과 마음을 조절하지 못하면 몸은

망가지고, 마음은 더러워져요. 마음을 조절하지 못하면 욕망의 포로가 되지요. 다른 사람의 물건을 탐내는 욕망, 거짓말을 하고 다른 사람을 속이는 욕망, 화를 내고, 다른 사람과 싸우는 욕망 등이 바로 나쁜 욕망이지요. 그런 욕망에 빠지면 자신뿐만 아니라 가족까지 불행하게 만들지요.

　욕망의 유혹은 정말 무서워요. 귓속말로 이렇게 속삭여요.
"괜찮아, 한 번쯤은 괜찮다고. 남들도 다 그런단 말이야."
　그러면 나도 모르게 욕망의 포로가 되고 말아요. 욕망의 유혹을 물리칠 강한 힘을 기르세요. 놀고 싶고, 먹고 싶고, 화를 내고 싶고, 게임을 하고 싶더라도 꾹 참아 보세요. 꾹 참는 그 힘이 바로 유혹을 이기는 강한 힘이에요. 욕망을 물리치는 강한 힘이랍니다. 욕망을 물리치게 된다면 여러분은 행복해질 수 있어요. 꿈을 이룰 수 있는 강한 힘이 생긴답니다.

3 지긋지긋한 가난

'먹을 것을 구하려고 병에 걸리길 바라다니.
원수 같은 가난이 사람을 이렇게도 비참하게 만드는구나.'
가난 때문에 비참해지는 것은 비단 로나뿐만이 아니었다.

아침부터 한바탕 전쟁이 일어났다.

진료소 문을 열기 무섭게 환자들이 몰려들었던 것이다. 진료소 앞마당은 순식간에 환자들이 누워 있는 병실이 되고 말았다. 마당 한쪽에서는 어떤 환자가 구역질을 해 댔고, 또 다른 한쪽에서는 배가 아프다며 소리를 질러 대는 환자도 있었다. 간호사 수녀를 붙잡고 "살려 주세요!"라고 울부짖는 환자도 있었고, 자기부터 진료를 해 달라며 매달리는 환자도 있었다. 진료소는 그야말로 아비규환이었다.

"신부님, 이 환자 좀 봐 주세요!"

팔에 링거 주사 바늘을 꽂고 돌아서기 무섭게 또 다른 환자가 몰려왔다. 이번에는 나무에서 떨어진 환자였다.

"잠깐, 잠깐만 기다리세요!"

"신부님, 여기도요!"

이태석 신부가 진료를 시작하자 하루에 300명 정도의 환자들이 몰려들었다. 사람 사이에서 진료소로 가기만 하면 살 수 있다는 소문이 퍼졌던 것이다. 덕분에 이태석 신부는 아침부터 밤까지 화장실 한번 다녀올 시간이 없을 지경이었다.

한번은 열두어 살 정도 된 아이와 늙은 노인이 진료소를 찾아온 적이 있다. 그들은 진료소 앞에 다다르자 털썩 쓰러져 버렸다. 놀란 이태석 신부과 자원봉사자들이 뛰어나왔더니, "여기에선 우릴 살려 줄 수 있는 거죠?"라고 끊어질 듯 가는 목소리로 물었다. 둘은 이태석 신부에게 진료를 받으려고 100킬로미터가 넘는 거리를 걸어왔다고 했다.

"저런 몸으로 어떻게 그 먼 거리를 걸어왔을까!"

놀랄 틈도 없이 다른 환자가 밀려들었다. 이태석 신부는 환자의 팔에 혈관 주사와 포도당 링거를 놓았다.

환자가 물밀 듯이 몰려들자 별별 문제들이 일어났다. 링거나 약이 부족한 것은 물론, 환자가 기다리는 동안 쉴 곳이 없어서 생겨나는 문제도 많았다. 가장 심각한 것은 악취와 병균이었다. 이곳 사람들은 물이 귀해서 자주 씻을 수가 없었다. 특히, 몸이 아픈 사람들이 몇 킬로미터씩 걸어가서 목욕을 하기란 어려운 일이었다. 그러니 제때 씻지 못한 환자들의 몸에서는 악취가 진동했다.

이태석 신부와 간호사 수녀들은 환자 한 명을 진료하고 나면 항균 제품으로 손을 박박 문질러야만 했다. 그렇지 않으면 병균에 감염되기 십상이었다. 이태석 신부와 간호사 수녀들은 그렇게 아슬아슬하게 감염의 위험을 피했지만, 몸이 약한 환자들에게는 항균 제품조차 통하지 않았다. 그들은 차례를 기다리는 사이에 다른 병균에 감염되어 버렸던 것이다.

환자들을 위한 공간을 만들 방법이 없을까 하고 고민하던 이태석 신

부는 자신이 직접 건물을 짓기로 마음먹었다.

이태석 신부는 잠잘 시간을 쪼개서 흙벽돌을 구웠다.

"신부님, 안 주무세요?"

"자는 것보다 더 시급한 게 있어요."

"아침이면 또 환자들이 몰려올 텐데……. 어떻게 버티시려고요?"

"하느님께서 지켜 주시겠죠."

이태석 신부는 이마에 맺힌 땀을 훔치며 웃었다.

그렇게 해서 며칠 만에 응급 처치실이 만들어졌다. 두 평 남짓한 공

간이었지만, 위급한 환자들을 따로 수용할 수 있는 중요한 공간이었다.

"안 되겠어요. 진료 시간을 늘려야겠어요."

며칠 동안 밤을 새다시피 한 이태석 신부가 말했다. 간호사 수녀들은 눈을 동그랗게 떴다.

"신부님, 이러다 쓰러지시겠어요!"

"하지만 진료소까지 찾아온 사람들을 모르는 척할 순 없어요."

이태석 신부의 말에 간호사 수녀들이 한숨을 내쉬었다.

"신부님 같은 의사 선생님이 몇 명만 더 있어도……. 아니, 우리처럼 주사를 놓을 수 있는 간호사가 몇 명만 더 있어도 여유가 생길 텐데."

순간, 이태석 신부의 머릿속에 좋은 아이디어가 떠올랐다.

"어려운 치료는 우리가 맡고, 가벼운 응급 처치와 주사 정도는 해결해 줄 사람을 뽑읍시다. 일한 만큼 월급을 주면 되잖아요!"

"그런 사람들을 찾는 건 불가능한 일이에요."

"어째서요? 톤즈에서 가장 가까운 도시 오라토리오만 하더라도 제법 큰 아이들이 공부하는 학교가 있다고 들었는데……. 그곳 학생들에게 부탁하고 일자리를 주선하면 안 되나요?"

"학교야 있죠. 하지만……."

수녀들이 말끝을 흐렸다.

그날 저녁, 이태석 신부는 오라토리오의 학생들을 불렀다. 그러자 학생들이 마지못해 진료소를 찾아왔다. 학생들의 얼굴에는 불편함이 잔뜩 묻어 있었다.

"너희가 우릴 좀 도와준다면 더 많은 사람을 살릴 수 있어. 부탁이야, 얘들아. 어려운 일은 우리가 할 테니까, 너희는 간호사 스녀님들을 도와서 링거액을 교체하고, 시트를 깔고, 간단한 주사 놓는 일 정도를 해 주면 돼."

"……"

어찌 된 영문인지 학생들은 대답을 하지 않았다. 이태석 신부는 고개를 갸웃했다.

"돈 때문에 그러니? 일한 만큼 월급을 줄 테니까 그런 건 걱정하지 않아도 돼."

그래도 학생들의 표정은 밝아지지 않았다. 자기들도 병에 전염이 될까 봐 무서워서 그러는 것이었다. 이태석 신부는 학생들에게 마스크와 장갑 등 안전 장비를 준비하면 된다고 말했다. 환자를 살피고 나면 반드시 비누로 손을 씻어야 한다는 것도 알려 주었다.

"정말 우리가 안전할까요?"

"걱정 마, 우린 다른 사람을 돕기 위해 목숨을 걸었어. 그런 사람은 반드시 하느님이 보호해 주실 거야."

이태석 신부는 오랜 시간 힘을 쏟아 부어 학생들을 설득했다. 그제야 학생들은 고개를 끄덕이며 이태석 신부과 수녀들을 돕겠다고 했다.

학생 지원군의 힘은 생각보다 대단했다. 학생들은 수녀님들을 도와 일을 척척 해냈다. 며칠 만에 학생들은 혈관 주사를 놓을 수 있게 될 정도였다. 이태석 신부는 그런 학생들을 바라보며 빙그레 웃음 지었다.

학생들 덕분에 부족한 일손은 해결했지만 또 다른 문제가 남아 있었다. 바로 '좋은 약'을 구하는 일이었다.

이태석 신부가 진료소를 찾는 환자에게 줄 수 있는 약이라곤 영양제와 포도당, 진통제와 아스피린, 소화제 같은 간단한 약이 전부였다. 첨단 의료기기를 갖추지 못한 곳이다 보니 제대로 된 검사도 할 수가 없었다.

결핵에 걸려서 배가 임신부처럼 부풀어 오른 소녀에게도 포도당을 줄 수밖에 없었고, 온몸에서 고름이 흘러나오는 아이에게도 진통제밖에 줄 수 없었다. 이태석 신부가 할 수 있는 처방은 아주 최소한의 약을 주고 잘 먹게 해 주는 게 전부였다.

이태석 신부는 환자들에게 처방을 할 때마다 괴로웠다.

'더 좋은 약을 쓸 수 있다면 저들의 병을 좀 더 빨리 낫게 해 줄 텐데…….'

그때였다.

"신부님, 여기 좀 보세요!"

온몸에 고름이 난 아이를 보살피던 간호사 수녀가 소리쳤다. 순간, 이태석 신부의 등줄기로 식은땀이 흘러내렸다. 아이의 상태가 심각해진 게 아닐까 하는 두려움 때문이었다. 이태석 신부는 엉거주춤 움직이질 못했다. 그러자 다시 간호사 수녀가 이태석 신부를 불렀다.

"무슨 일이에요?"

"맙소사! 여기 좀 보세요. 이 아이가……."

간호사 수녀는 말을 잇지 못한 채 울음을 터트렸다.

"세상에……!"

아이를 본 이태석 신부의 눈이 휘둥그레졌다.

어제까지만 해도 온몸에서 고름이 흘러나오던 아이의 몸에 딱지가 앉아 있는 게 아닌가! 만약 한국에서 이 정도로 심각한 상태의 환자가 있었다면 별별 약을 다 처방해야 약효가 났을 것이다. 내성이란 것이 생겨서 웬만한 진통제도 듣지 않았을 것이다. 하지만 이곳 사람들은 약이라는 것을 먹어 본 적이 없었기 때문에 약효가 빨리 나타났다.

진료소의 환자들에게는 특별한 처방이 없었다. 약이 부족했기 때문에 증상에 맞는 처방도 할 수가 없었다. 그럼에도 불구하고 환자들의 상태는 눈에 띄게 좋아졌다.

"단지 규칙적으로 약을 먹이고, 식사를 하게 해 준 것만으로도 이렇게 좋아지다니!"

이태석 신부는 이 모든 것을 기적이라고 믿었다. 그러나 사람을 구했다는 기쁨은 잠시였다.

얼마 되지 않아 이태석 신부는 자신이 이곳에서 할 수 있는 일이 극히 적다는 것을 뼈저리게 깨달았다. 그 일이 있었던 것은 진료소에서 진료를 시작한 지 석 달쯤 된 어느 날이었다.

이태석 신부는 밤중에 누군가 진료소 문을 두드리는 소리를 듣고 자리에서 일어났다. 문을 열고 나가 보니 키가 장대처럼 큰 흑인 남자가 서 있었다. 남자는 이태석 신부를 보자마자 구역질을 해 댔다. 이태석 신부가 놀라서 남자를 끌어안으려고 할 때였다.

"안 돼요! 그 사람을 만지면 큰일 나요."

간호사 수녀가 소리쳤다. 이태석 신부는 어리둥절할 수밖에 없었다. 그러는 사이, 남자가 설사를 하기 시작했다. 불과 몇 초 만에 수십 리터는 됨직한 배설물이 흘러나왔다. 진료소 앞마당이 냄새로 진동했다. 순간, 이태석 신부는 얼어붙고 말았다. 난생처음 보는 증상이었던 것이다.

"그 환자, 콜레라에 걸린 거예요."

"코, 콜레라요?"

이태석 신부는 머리를 망치로 맞은 듯 멍해졌다. 콜레라는 19세기까지 유행했던 질병이다. 콜레라에 대한 증상은 의학 교과서에서나 읽었을 뿐, 단 한 번도 실제 환자를 본 적이 없었다.

"아프리카에서는 3월 드렵이면 콜레라 환자가 생겨요. 저 남자가 사는 마을에 콜레라가 발생한 모양이에요. 곧 수백 명의 환자들이 몰려올 거예요."

"우린 어떻게 해야 하죠?"

"신부님, ……안타깝지만 우리가 할 수 있는 일은 기도밖에 없어요."

이태석 신부는 처음에는 간호사 수녀의 말을 이해할 수가 없었다. 그러나 날이 밝자, 그 말이 무슨 뜻인지 뼈저리게 이해가 갔다. 단 몇 시간 만에 진료소 앞마당이 콜레라 환자들로 가득 찼다. 환자들은 고열에 시달리는 몸을 이끌고 진료소까지 걸어왔다. 그들은 지나가는 사람의 옷자락을 붙잡고 고통스럽게 "살려 주세요."라고 애원했다. 이태석 신부과 간호사 수녀들 그리고 학생들이 준비를 할 겨를도 없었다.

환자들은 구토와 설사를 하기 시작했고, 단 몇 분 사이에 탈수 증상이 심해져서 몸을 바들바들 떨었다. 콜레라 환자들은 탈수가 시작되면 두세 시간 안에 목숨을 잃고 만다. 그 안에 환자를 위해 빠른 응급조치를 해야만 했다.

"신부님, 여기!"

"이쪽 환자가 더 급해요!"

여기저기에서 살려 달라는 애원이 터져 나왔다. 환자들은 서로 자기를 먼저 봐 달라며 소리를 질러 댔다. 당황한 간호사 수녀들은 꼼짝하지도 못했다. 이태석 신부도 난생처음 겪는 고통스러운 상황이었다.

이태석 신부가 우왕좌왕하고 있는데 파리 떼가 윙윙거리는 소리가 들렸다. 고개를 들어 보니 수천 마리의 파리 떼가 진료소 주위를 날고 있었다. 환자들이 쏟아 낸 배설물과 오물 때문이었다.

"후우."

이태석 신부의 입에서 깊은 한숨이 새어 나왔다.

콜레라가 돌기 시작한 지 한 달. 마을은 초토화되었고, 한 집 걸러 한 집에서 사람이 죽어 나갔다. 그나마 병원을 찾아온 사람들은 나은 것이었다. 집에서 앓다가 죽은 사람들의 수는 셀 수 없었다.

이태석 신부는 병원을 찾지 못한 환자들을 위해 매주 수요일마다 먼 숲까지 이동 진료를 나갔다. 그때마다 마을 상황을 보고 입을 다물 수가 없었다.

"대체…… 이렇게 끔찍한 콜레라가 생긴 원인이 뭘까요?"

이태석 신부가 말을 더듬으며 물었다. 시체가 산더미처럼 쌓여 있는 마을을 보자 말도 제대로 나오지 않았다.

"오염된 물 때문이에요."

콜레라는 물 때문에 일어나는 전염병이다. 사람들이 물을 오염시키고, 그것을 도로 마시기 때문에 병에 걸리는 것이다.

"이렇게 착한 사람들이 어째서…… 어째서……."

이태석 신부는 죽어가는 사람들의 모습을 보자 눈물이 났다. 너무 슬퍼 가슴이 미어질 것 같았다. 이곳 톤즈 사람들이 콜레라에 걸려 떼죽음을 당해야 하는 까닭이 무엇인가.

이들은 텔레비전도 자동차도 냉장고도 쓰지 않는다. 이들은 돈이 없어서 오염된 강물을 있는 그대로 마실 뿐이다. 강물을 오염시킨 것은 선진 기술을 가진 나라 사람들, 정작 지구의 오존층을 파괴하고 온난화를 일으킨 주범인 그들은 문명의 혜택을 누리며 살아가고 가난한 아프리카 오지 사람들만 고통을 받는다. 이태석 신부는 톤즈 사람들을 위해 할 수 있는 일이라면 최선을 다하리라고 굳게 다짐했다.

콜레라가 어느 정도 안정되자, 이태석 신부는 나병 환자들을 위해 치료 봉사를 나가야겠다고 생각했다.

찢어질 정도로 가난한 톤즈에서도 정말 가난한 곳이 있다. 바로 나병 환자들이 모여 사는 마을이다. 나병은 나병균에 의해 감염되어 발생하는 병으로 선진국에서는 거의 사라진 드문 질병이다. 그런 병이 유독 아프리카에서는 유행을 하고 있다.

나병에 걸리면 처음에는 몸이 저릿저릿하다가 나중에는 손과 발에 감각이 없어지고, 살이 점점 흐물흐물 썩는 것처럼 문드러지기 시작한다. 이 병은 감염이 잘 되는 병이기 때문에 주변 사람들로부터 격리해야만 했다.

톤즈의 나병 환자들은 집이라고 할 수조차 없는 움막에 모여 산다. 이태석 신부가 어린 소녀 로나를 만난 것은 바로 나병 환자들이 모여 사는 마을 '쵸나'에서였다.

이태석 신부는 처음에 나병 환자들을 치료하려고 약을 챙겨 들고 갔었다. 하지만 마을 사람들은 이태석 신부를 경계할 뿐 좀처럼 가까이 오려고 하지 않았다. 상처 부위를 만지게 하지도 않았다.

"사람들의 경계가 너무 심해요. 이래선 진료도 할 수 없겠어요."

"여기 사람들은 사람을 무서워해요. 늘 나병 환자라고 따돌림당하고, 구박만 받았으니까 그럴 수밖에요."

이태석 신부는 그들의 아픈 마음을 안아 주고 싶었다. 하지만 사람들은 이태석 신부가 말을 거는 것조차 두려워했다.

고민하던 끝에 이태석 신부는 옥수수와 식용유를 들고 마을을 찾아갔다.

"진료를 받는 사람에게만 이걸 줄 거예요."

이태석 신부는 그렇게 해서라도 나병 환자들과 친구가 되어 보려고 했던 것이다. 이태석 신부는 나병 환자들에게 먹을 것을 나눠 주고, 집을 고쳐 주고, 농사짓는 법도 가르쳐 주었다. 그러자 사람들이 이태석 신부가 오는 날을 손꼽아 기다리기 시작했다. 아주 조금이긴 하지만 마음의 문을 연 것이다.

"자, 오늘도 진료 받으실 분들은 한 줄로 줄을 서세요. 그러면 진료가 끝난 뒤에 먹을 것과 생활용품을 나눠 드릴 거예요."

이태석 신부의 말이 끝나기 무섭게 사람들이 우르르 몰려들었다. 이태석 신부는 나무 아래 큰 바위에 앉아 진료를 시작했다. 얼마나 시간이 지났을까. 웬 어린 소녀가 이태석 신부의 앞을 기웃거렸다. 소녀는 기껏해야 예닐곱 살쯤 되어 보였다.

"무슨 일이니? 어디가 아파?"

"저는 나병에 걸렸어요."

로나는 자기 손을 앞으로 뻗어 보였다. 이태석 신부는 로나의 얼굴을 물끄러미 바라보았다. 순간, 로나가 뒤를 돌아보았다. 그 뒤에는 어머니가 쭈뼛거리며 서 있었다.

"저한테도 옥수수랑 식용유를 나눠 주나요?"

"어디 보자……."

로나는 자꾸 손을 뒤로 빼려고 했다. 이태석 신부가 자기 손을 유심히 살펴보는 게 싫은 눈치였다. 이태석 신부가 로나의 손을 자세히 보려고 하면 재빨리 말을 꺼냈다.

"정말 아파요. 어제는 고름도 났어요."

"그래, 아팠겠구나."

"나병이에요. 그렇죠?"

"너, 이름이 뭐니?"

"로나."

이태석 신부는 로나의 머리를 쓰다듬으며 말을 이었다.

"로나, 넌 나병이 아니야. 이건 체부백선이라는 병이란다. 음, 쉽게 말해서 무좀이란 거지. 간단한 약으로도 치료가 가능해."

로나가 큰 눈을 깜빡거렸다. 눈에서는 금방이라도 눈물이 흘러나올 듯했다.

"로나, 참 다행이지?"

"전 나병에 걸렸어요……."

로나가 갑자기 이태석 신부의 팔을 붙잡았다. 이태석 신부는 어리둥절했다. 로나는 필사적으로 이태석 신부에게 자신이 나병에 걸렸다고 말했다.

이태석 신부는 뒤를 돌아보았다. 그러자 로나의 어머니가 눈에 들어왔다. 어머니의 손에는 비닐 포대와 깡통이 들려 있었다. 그것은 옥수수와 식용유를 담아 갈 포대와 통이었다.

'아뿔싸!'

이태석 신부는 로나와 어머니가 허탈한 표정을 지은 이유를 알 것 같았다. 로나가 병에 걸려야만 먹을 것을 구할 수 있는 안타까운 현실. 그날 로나에게 옥수수와 식용유를 나눠 줬지만, 환자가 아닌 이들에게 겨속해서 구호품을 줄 수는 없는 상황이었다.

로나와 어머니도 그 사실을 잘 알고 있었다. 그러니 병에 걸리기를 간절히 바랐던 것이다.

'먹을 것을 구하려고 병에 걸리길 바라다니. 원수 같은 가난이 사람을 이렇게도 비참하게 만드는구나.'

가난 때문에 비참해지는 것은 비단 로나뿐만이 아니었다.

이곳 톤즈의 아이들은 거의 대부분이 영양실조에 시달리고 있었다. 폐렴, 말라리아, 나병 같은 전염병에 그대로 노출되어 있었고, 누구로부터 변변한 간호도 받지 못했다. 병이 유행처럼 번지기 시작하면 아이들의 목숨이 줄줄이 사라졌다. 간단한 치료만 받으면 쉽게 나을 수 있는 병도 계속 방치하다 보니 큰 병이 되기 십상이었다.

콜레라가 유행할 때 몇 명의 아이들이 죽었는지 셀 수조차 없었다. 홍역이 유행했을 때는 한 마을에서 4,50명의 아이들이 떼죽음을 당했었다. 백신 한 방이면 괜찮았을 텐데. 그 백신을 구할 돈이 없어서 죽어 가는 것이다.

"어떻게든 백신을 구해야 해요. 백신만 있어도 아이들을 살릴 수 있을 텐데……."

이태석 신부는 구호 단체에 백신을 달라고 요청했다. 하지만 백신을 구하는 것만으로 모든 문제를 해결할 수는 없는 상황이었다.

"신부님, 어떤 마음인지는 잘 알지만 백신이 있다고 해서 모든 문제가 해결되진 않아요. 백신은 저온 보관을 해야 하기 때문에 냉장고가 있어야 해요."

"냉장고를 사면 되죠!"

"그게 있어도 무용지물이라는 거 모르세요? 여긴 전기가 들어오지 않잖아요."

"하지만…… 아이들이 백신 한번 못 맞아 보고 죽어가는 걸 두고 볼 수만은 없어요."

이태석 신부는 가슴이 타들어 가는 듯했다. 죽어가는 아이들을 살릴 수 있는 방법을 알고 있으면서도 살리지 못하다니. 자신의 한계가 느껴져서 답답해 미칠 지경이었다.

그렇게 며칠이 지났다. 발만 동동 구르고 있던 이태석 신부에게 뜻밖의 연락이 왔다. 한국에 있는 지인으로부터 온 것이었다.

"신부님이 전기 시설을 설치하고 싶어 하신다는 소식을 듣고 연락했습니다. 톤즈 지역에는 발전소가 없어 일반 전기를 쓸 수는 없겠지요. 하지만 발전기를 이용하면 필요한 만큼의 전기를 쓸 수 있을 겁니다."

"발전기? 그게 가능합니까?"

이태석 신부는 미처 생각지도 못했던 것이었다. 지인은 말을 이었다.

"아프리카에 가장 흔한 게 뭡니까?"

"글쎄요……."

찌는 듯한 더위, 가뭄, 배고픔, 그리고 고통스러워하는 사람들……. 아프리카에서 흔한 것이라면 아마 이런 것들뿐일 것이다. 이태석 신부는 어떻게 하면 전기를 쓸 수 있을 것인지 궁금해졌다.

"어떻게 하면 됩니까?"

"아프리카는 태양열이 많잖아요. 그걸 이용해서 태양열 발전기를 설치하면 충분한 전기를 만들 겁니다!"

"아!"

이태석 신부는 눈물이 날 정도로 기뻤다. 고맙게도 지인은 아프리카까지 직접 찾아와서 태양열 발전기를 설치해 주었다. 발전기를 가동시키자 전기가 일어났다. 수단 시내에서 구해 온 백열등이 지직거리면서 불을 밝혔다.

백열전구를 구경하려고 몰려 온 아이들이 환호성을 내질렀다.

"정말 신기해요, 신부님!"

"밤이 꼭 낮처럼 밝고 아름다워졌어!"

 전구를 바라보며 신기해하는 아이들을 보면서 이태석 신부는 속으로 다시 한 번 다짐을 했다.
 '내가 깜깜한 너희 삶에 밝은 빛이 되어 주면 좋겠구나……. 비록 힘은 없지만 목숨을 다 해 너희를 밝혀 주마.'
 이태석 신부는 수단 시내에서 냉장고를 구하고, 백신도 구해 왔다. 백신을 차곡차곡 냉장고에 넣은 이태석 신부의 마음은 구름처럼 부풀어 올랐다. 앞으로 더 이상 백신을 맞지 못해 죽는 아이가 생기지 않으리라는 희망이 이태석 신부를 설레게 했던 것이다.

시크릿 포인트 3
Secret Point

1등이 최고는 아니에요

누구나 1등을 하고 싶어 하지요. 1등을 하면 다른 사람들이 부러워하니까요. 1등을 하면 최고가 된다고 생각하니까요. 그래서 다른 사람을 이기고, 최고가 되고 싶어 하지요.

1등을 하면 정말 신이 날 거예요. 하지만 1등을 하려면 어떻게 해야 하나요? 친한 친구들과 경쟁을 해야 해요. 다른 사람을 이겨야만 해요. 경쟁이 나쁜 건 아니에요. 그러나 경쟁을 너무 심하게 하면 어떻게 될까요? 친구를 친구로 보지 않고, 경쟁자로 보게 됩니다. 어떻게 하면 친구를 이길까, 하는 생각을 하게 됩니다. 그러다 보면 친구와 친하게 지내지 못하고, 점점 멀어질 수밖에 없지요. 마음 깊은 곳의 얘기를 꺼낼 수도 없고요.

무조건 친구를 이기려고 한다면 내 주변에 친구가 남아

있을 수 있을까요?

 "난 1등을 할 거야. 그러니까 너희는 2등 이하로 해야 해. 난 최고가 될 거니까, 너희는 모두 내 밑에 있어야 해."라고 말한다면, 주변에 좋은 사람들이 남아 있을까요?

 무조건 친구를 이기려고만 들고, 내가 최고라고 생각하고, 나만 잘났다고 생각하면 친구를 미워하게 됩니다. 사랑도 모르고, 나눔도 모르고, 양보도 모르게 됩니다. 그래서 결국 좋은 친구는 남아 있지 않게 됩니다.

 1등만이 최고는 아닙니다. 나도 소중하지만, 다른 사람도 소중해요. 나 말고도 이 세상에는 아끼고 보살피고 사랑해야 할 게 너무나 많습니다.

 1등을 하려고 다른 사람을 이기는 것보다 다른 사람과 함께 살아가는 법을 배워야 합니다. 그것이 진정 행복하게 사는 길이지요. 1등을 혼자 하려고 하지 마세요. 우리 모두 함께 1등을 하려는 마음을 가지세요. 우리 모두 함께 행복해질 수 있어요.

4 소년병의 눈물

"그동안 나는 세상에 적군과 아군 오직 두 종류만 있다고 생각했어요.
죽여야 되는 쪽과 지켜야 하는 쪽 말이에요.
그런데 파더를 만나고 나서 새롭게 깨달은 게 있어요."
"그게 뭔데?"
"세상엔 '친구'라는 것도 있다는 사실이요."

수단 시내에는 나병 환자 수용소였던 건물을 개조해서 만든 성당이 있다.

그곳 지붕에는 나무로 조각한 성모 마리아상이 세워져 있는데, 멀리서 보면 구멍이 뻥뻥 뚫린 나무토막 같아 보였다. 하도 총알을 많이 맞아서 그렇게 되었다고 한다.

1999년, 처음 수단을 방문했던 이태석 신부는 총알이 수백 발 박혀 있는 성모 마리아상을 보고 입을 다물 수가 없었다.

"세상에, 조각상에 누가 이런 짓을……!"

"안티놉 때문이에요. 놈이 수도원까지 갉겨 버렸죠."

그때는 언어도 서툴고, 다른 것을 생각할 겨를이 없었기 때문에 '안티

놉'이 무엇인지 몰랐다. 하지만 며칠 지나지 않아서 이태석 신부도 '안티놉'이 무엇인지 알게 되었다.

그날은 마리아 대축일이었다. 대축일이 되면 사람들은 성모 마리아 조각상을 들고 행진을 한다. 마을 곳곳에 축복을 뿌리기 위한 의식이다. 이태석 신부와 사람들은 행렬을 이끌고 마을 곳곳을 돌아다녔다. 그렇게 행렬이 마을 중심부에 다다랐을 때의 일이었다.

"안티놉이 온다!"

갑자기 하늘이 진동하는 듯한 소리가 들리더니, 몇 초도 지나지 않아 폭격이 이어졌다. 순식간에 집이 불에 타고, 마을이 쑥대밭이 되었다. 눈 깜짝할 사이에 폭격에 맞아 죽은 사람들이 생겨났다. 사람들은 무차별로 폭격을 가하는 비행기를 피해 뿔뿔이 흩어졌다.

이태석 신부는 눈앞의 광경을 믿을 수가 없었다. 아이들의 비명 소리, 울음소리, 숲 속으로 달리는 사람들의 허둥대는 모습……. 정말 끔찍하고 두려웠다.

안티놉은 제2차 세계대전 때 쓰였던 소련제 비행기인데 전쟁 중에 잊을 만하면 이 마을 저 마을로 찾아가 폭탄을 떨어뜨려 많은 사람을 죽이고 집들을 파괴하는 저주스러운 비행기의 이름이었다. 비행기가 하늘을 가르며 나는 구-우-우 소리가 들리면 이곳 사람들은 새파랗게

질린 얼굴로 뿔뿔이 도망쳤다. 어른, 아이 할 것 없이 누구에게나 비행기 소리는 공포의 대상이었다.

"안티놉이 비행할 때 나는 묵직한 금속음 말이에요. 그 소리를 떠올리면 나도 모르게 몸이 떨리고 숨이 가빠져요."

안티놉이 떠난 것을 확인한 토마스 신부님이 울먹이며 말했다.

"안티놉이 자주 찾아오나요?"

"자주는 아니에요. 내전이 심해지면 어쩌다 한 번씩 나타나죠. 하지만 놈이 지나가고 나면 남아 있는 게 없을 정도예요."

토마스 신부는 안티놉의 폭격 장면을 바로 코앞에서 지켜봤다고 했다. 간신히 목숨을 건지긴 했지만 자기 눈앞에서 소나기처럼 쏟아지던 폭탄 세례를 떠올리면 호흡이 가빠지고 불안해진다고 했다. 그것은 죽음에 대한 공포 때문이었다.

안티놉이 지나간 후 며칠 뒤의 일이었다. 토마스 신부가 이태석 신부를 찾아왔다. 토마스 신부는 손톱을 잘근잘근 물어뜯더니, 어렵사리 말을 꺼냈다.

"난 이곳을 떠나려고 해요."

"아니, 왜요?"

"불안해서…… 공포를 견딜 수가 없어요."

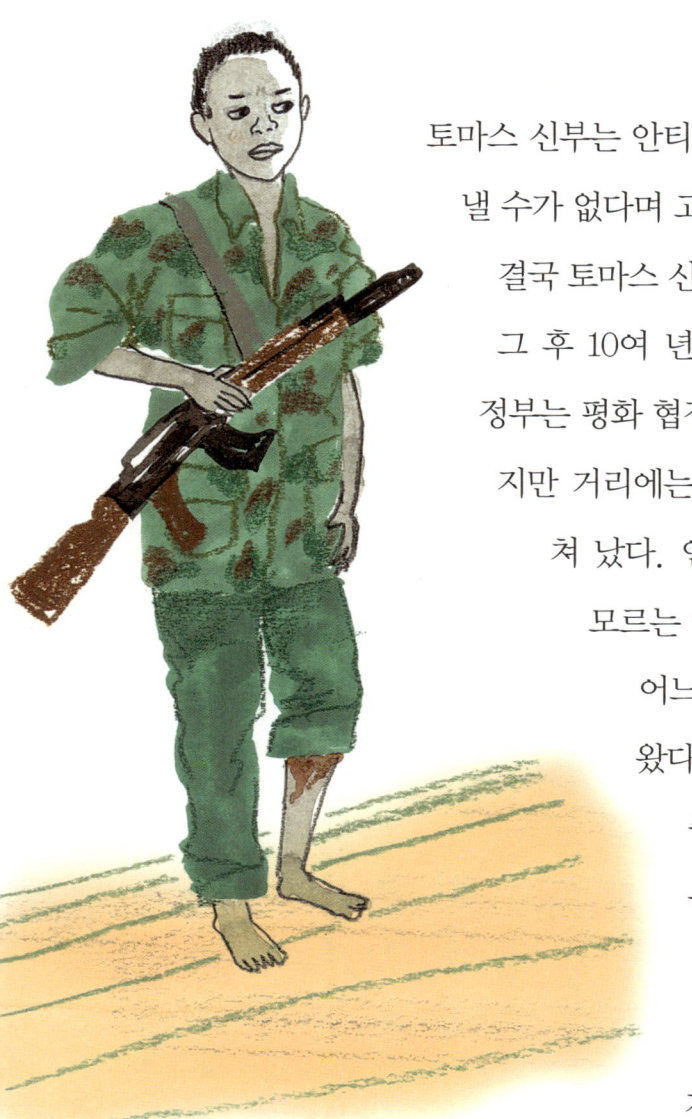

토마스 신부는 안티놉 때문에 생긴 두려움을 이겨 낼 수가 없다며 고통스러워했다.

결국 토마스 신부는 케냐로 돌아가고 말았다. 그 후 10여 년의 세월이 흐르는 사이, 수단 정부는 평화 협정을 맺고 휴전에 들어갔다. 하지만 거리에는 여전히 총을 든 군인들이 넘쳐 났다. 언제, 어디서 전투가 벌어질지 모르는 일이었다.

어느 날, 진료소에 한 군인이 찾아왔다.

총을 지팡이 삼아 걸어온 군인은 다리에 난 상처를 봐 달라고 했다. 이태석 신부는 군인의 얼굴을 보고 깜짝 놀라지 않을 수 없었다. 우리나라로 치면 이제 갓 중고등학교에 갔을 법한 앳된 얼굴이었던 것이다. 몇 살이냐고 물었더니, 아니나 다를까. 군인은 겨우 열여섯 살이라고 했다.

이태석 신부는 소년병의 다리를 살펴보았다. 몇 년 전 포탄에 맞은 상처라는데, 제대로 치료를 하지 못해서 끔찍할 정도로 덧나 있는 상황이었다. 이대로 가면 다리를 잘라 내야 할지도 몰랐다. 이태석 신부는 소년병에게 계속해서 군인을 해야 하느냐고 물었다.

그러자 소년병이 당연하다는 듯 말했다.

"여기서는 이만한 월급을 받을 수 있는 일이 없어요."

"공부를 해서 다른 일을 할 수도 있잖아."

"웃기지 마세요. 내가 공부하는 동안 어린 동생들은 무얼 먹고 살라고요?"

"……."

이태석 신부는 마음이 씁쓸해졌다.

수단 시내에서는 군복을 입고 뛰어노는 어린아이들을 흔하게 볼 수 있다. 군인 중에는 여자도 있고, 50대 이상의 노인도 있었다. 무조건 한 세대당 한 명씩 의무적으로 군인이 되어야 하기 때문에 생긴 일이다.

소년은 치료를 받자마자 부대로 돌아갔다.

그날 새벽이었다. 살레시오 수도회 병원에서 응급 환자가 생겼다는 전화가 왔다.

이태석 신부는 부랴부랴 살레시오 수도회 병원으로 쫓아갔다. 그곳 응급실에는 군복을 입은 남자아이가 피를 철철 흘리며 누워 있었다.

"설마, 술을 마신 거니?"

이태석 신부는 치료를 하려다 말고 코를 킁킁거렸다. 아이의 이름은 마뉴알이었다. 마뉴알은 술에 취한 상태에서 다른 동료와 함께 보초를 섰다고 한다. 그런데 동료가 실수로 총을 발사하는 바람에 총알이 다리를 관통했다고 했다. 이태석 신부는 침착하게 피가 흘러나온 다리를 지혈하고, 링거액을 주사했다. 그리고 터진 혈관을 실과 바늘로 꿰매 주었다.

"응급조치는 해 뒀으니까 날이 밝으면 상태를 다시 살펴보도록 하지요."

이태석 신부는 간호사들에게 마뉴알을 부탁하고 돌아갔다.

이튿날 아침, 이태석 신부는 환자의 상태를 체크하기 위해 병원을 찾았다. 간신히 의식을 차린 마뉴알이 이태석 신부를 향해 인사했다. 순간, 이태석 신부는 입을 다물 수가 없었다. 환한 아침에 본 마뉴알의 얼굴은 말 그대로 '어린아이'였다.

마뉴알은 딩카족 어머니와 아랍인 아버지 사이에서 태어나 피부도 하얀 편이고 이목구비가 뚜렷해 영화배우처럼 잘생긴 아이였다. 유난

히도 크고 동그란 눈이 인상적이었다.

그런 어린아이가 자기보다 몸집이 큰 어른 군복을 입고, 한 손에 총을 움켜쥐고 있다니.

이태석 신부는 마음이 아려서 견딜 수가 없었다. 그런데 이태석 신부를 더욱 슬프게 한 것은 마뉴알의 태도였다. 마뉴알은 이태석 신부에게 아프다는 말을 하지 않았다. 마뉴알은 군인에게 이 정도 상처쯤은 당연한 것이라며 태연해했다.

"몹시 아플 텐데……."

"괜찮아요."

"아프면 아프다고 해. 진통제를 놔줄 테니까."

"필요 없어요."

마뉴알은 어른스럽게 말했다. 하지만 이태석 신부의 눈에 마뉴알은 아버지의 군복을 입고 전쟁놀이를 하는 장난꾸러기 소년 같았다.

"학교에 가고 싶지 않니?"

"아뇨."

"네 나이 또래 애들은 친구들과 어울려 놀아야 해."

"……."

"영어 공부가 하고 싶어지면 언제든 얘기하렴. 학교를 소개해 줄 테니까."

"······."

이태석 신부가 말을 걸면 마뉴알은 눈길을 딴 곳으로 피해 버렸다. 그럴 때마다 이태석 신부의 가슴에서는 한숨이 흘러나왔다.

마뉴알은 아홉 살 때부터 군대에서 일했다고 했다. 겨우 아홉 살밖에 안 된 아이가 총을 들고 사람을 죽이고, 전쟁터를 누볐다니. 우리가 상상조차 하기 힘든 일을 마뉴알은 당연하게 받아들였다.

이태석 신부는 더 이상 질문을 할 수가 없었다. 굳이 묻지 않아도 마뉴알이 그동안 어떻게 살았을지 짐작이 됐기 때문이었다.

마뉴알이 병원에 두 달 가량 입원해 있는 동안, 이태석 신부는 수단 사람들이 전쟁을 대하는 태도에 대해 알게 되었다. 수단 사람들은 누구든 자신에게 피해를 주는 사람과 맞서 싸워야 한다는 생각이 강했다. 너댓 살의 어린아이들조차도 자기 것을 뺏기지 않으려고 싸우는 것에 익숙했다. 사람들은 툭하면 싸웠고, 개인의 싸움이 가족으로 번지고, 급기야 부족 간의 싸움으로 벌어지는 경우도 허다했다. 이유는 하나였다. 싸움에서 지면 자기 것을 빼앗기고, 결국 살아남을 수 없다는 생각이 가득했기 때문이다.

이태석 신부는 틈이 날 때마다 병원을 찾아가 마뉴알과 얘기를 했다.

"마뉴알, 수단은 평화로워. 더 이상 너 같은 군인이 싸우지 않아도 돼."

이태석 신부가 이렇게 말할 때마다 마뉴알은 코웃음을 쳤다.

사실 이태석 신부도 지금의 평화가 거짓이라는 것은 잘 알고 있었다. 수단 사람들은 지난 50년 동안 계속되었던 남과 북 사이의 전쟁을 그만두고 평화 협정을 맺었다. 2백만 명 이상의 목숨을 잃은 전쟁은 사실상 끝난 것처럼 보였다. 하지만 그것은 겉으로만 드러난 모습일 뿐, 사람들은 여전히 싸우고 있었다.

"마뉴알, 네가 먼저 총을 내려놓으면 자연스럽게 다른 사람들도 총을 내려놓을 거야."

"그러다가 내가 죽으면요?"

"누가 널 죽인다는 거니?"

"약한 모습을 보이면 잡아먹히게 되어 있어요. 신부님, 세상 사람들은 신부님처럼 착하지 않아요."

마뉴알은 이태석 신부과는 얘기가 통하지 않는다며 말을 꺼렸다. 그래도 이태석 신부는 줄기차게 마뉴알을 찾아갔다. 그때마다 마뉴알은 이태석 신부를 피해 고개를 돌렸다.

그러던 어느 날이었다. 마뉴알이 이태석 신부에게 갑자기 이런 질문을 했다.

"신부님, 저…… 악기를 배우려면 어떻게 해야 하나요?"

"악기? 무슨 악기를 배우고 싶은데?"

"……."

"무슨 악기든 처음부터 차근차근 하다 보면 금방 실력이 늘 거야. 넌 똑똑한 아이니까 빨리 배울 수 있어."

이태석 신부의 말에 마뉴알의 얼굴이 씰룩거렸다. 그것은 웃음을 짓고 있다는 표정이었다.

마뉴알이 악기를 배우고 싶다고 생각한 건 병원 뒤쪽 울타리 너머에서 공부하는 학생들 때문인 것 같았다.

살레시오 수도회 병원 뒤쪽에는 운동장이 있다. 그 운동장 너머에는 학교와 밴드부 연습실이 있는데, 톤즈와 오라토리오의 아이들은 그곳에서 공부도 하고, 운동도 하고, 악기를 다루는 법도 배웠다.

마뉴알은 병실에 누워 있는 동안 창 너머를 물끄러미 바라보곤 했다. 어쩌면 마뉴알은 창 너머의 아이들과 친구가 되고 싶다는 생각을 했을 것이다. 그 아이들이 부럽다는 생각도 했겠지.

이태석 신부는 마뉴알의 머리를 쓰다듬었다. 마뉴알이 크고 동그란 눈을 들어 이태석 신부를 바라보았다.

"악기가 배우고 싶으면 우리 진료소로 찾아와. 언제든 가르쳐 줄 테니까."

이태석 신부는 마뉴알에게 인사를 하고 자리를 떠났다.

그로부터 며칠 뒤의 일이었다.

아마 저녁 아홉 시 무렵이었을 것이다. 이태석 신부가 진료소를 정리하고 일어나려는데 마뉴알이 찾아왔다. 마뉴알은 흐릿한 눈으로 이태석 신부를 바라보았다. 마뉴알의 몸에서는 지독한 술 냄새가 났다.

"마뉴알……."

이태석 신부는 마뉴알을 야단치고 싶었지만 괴로워하는 마뉴알의 마음을 잘 알고 있었기 때문에 가만히 나버려 두었다. 그러자 마뉴알이 비틀거리면서 의자에 앉았다.

얼마나 지났을까. 마뉴알의 눈에서 닭똥 같은 눈물이 뚝뚝 떨어졌다. 이태석 신부가 손을 뻗어 마뉴알의 눈물을 닦아 주려고 할 때였다. 갑자기 마뉴알이 이태석 신부의 손을 끌어당기더니 엉엉 울기 시작했다. 울음은 한동안 계속 됐다.

"난 아홉 살 때 군대에 끌려갔어요. 아버지 대신이었죠. 가기 싫었지만 어쩔 수 없는 일이었어요. 아버지가 군대에 가면…… 우리 식구들은 모두 굶어 죽을 게 뻔했으니까요."

마뉴알이 콧물을 닦으며 말을 이었다.

"처음엔 군대에서 잔심부름을 했어요. 나보다 무거운 총을 나르고, 총알을 정리해야 했죠. 몸집이 좀 커지자 어른들은 나를 실제 전투에 내보냈어요. 눈앞에 총알이 빗발치는 전쟁터에서 살아남으려면 다른 사람을 죽여야만 해요. 주저하고 망설이면 내가 죽거든요."

마뉴알은 몇 명을 쏘아 죽였는지 셀 수조차 없다며 울었다.

"난 울지 않아요. 전쟁터에서 울음을 터트리면 죽는 거나 마찬가지거든요. 난 어떤 어려움이 닥쳐도 절대로…… 절대로 울지 않아요."

그 순간, 이태석 신부가 마뉴알에게 해 줄 수 있는 것은 오로지 안아 주는 것뿐이었다. 그날, 마뉴알은 이태석 신부의 품에 안긴 채 서럽게 울고 또 울었다.

한참 만에 울음을 진정시킨 마뉴알이 이태석 신부를 향해 물었다.

"신부님, 군대로 돌아가고 싶지 않아요. 어떡하죠?"

"네가 하고 싶은 대로 하면 된단다. 두려워하지 마. 넌 뭐든 할 수 있어, 마뉴알."

이태석 신부는 마뉴알의 등을 토닥여 주었다.

마뉴알은 병원에서 지내는 동안 다른 아이들의 모습을 보고 무척 놀라웠다고 했다. 총이 유일한 친구였던 자신과는 다른 아이들의 모습은 부럽다 못해 신기하기까지 했다는 것이다. 마뉴알은 자기도 학교에서 공부를 하고 싶다고 했다.

"마뉴알, 고맙다."

이태석 신부는 마뉴알에게 진심으로 고맙다고 말했다. 지난 6년간 아껴 온 보석 같은 눈물을 흘려 준 아이의 마음이 너무도 고맙고, 소중하게 느껴졌던 것이다.

이태석 신부는 마뉴알에게 자동차 정비소의 일자리를 소개시켜 줬다. 덕분에 마뉴알은 군대에서 나올 수 있게 되었다.

그날 이후 마뉴알은 이태석 신부를 '마이 파더'라고 불렀다. 이태석 신부는 마뉴알이 찾아올 때마다 일을 멈추고 수다를 떨었다. 마뉴알은 새로 사귄 친구들에 대해 이야기하기도 하고, 새로 시작한 일에 대해서 이야기를 늘어놓기도 했다.

마뉴알의 수다는 밤새도록 계속되기 일쑤였다. 하지만 이태석 신부는 한번도 귀찮거나 싫은 내색을 하지 않았다. 이태석 신부는 마뉴알에게 언제나 한결 같은 어른이 되어 주고 싶었기 때문이었다.

"파더, 난 파더랑 얘기할 때가 제일 좋아요."

"마뉴알, 나도 그래."

"그동안 나는 세상에 적군과 아군 오직 두 종류만 있다고 생각했어요. 죽여야 되는 쪽과 지켜야 하는 쪽 말이에요. 그런데 파더를 만나고 나서 새롭게 깨달은 게 있어요."

"그게 뭔데?"

"세상엔 '친구'라는 것도 있다는 사실이요."

마뉴알이 부끄러운 듯 머뭇거리더니 말을 이었다.

"내 친구가 되어 줘서 고마워요."

이태석 신부도 스즙게 웃으며 대답했다.

"나 역시 마뉴알이라는 아름다운 친구를 알게 돼서 그마워. 넌 내게 더없이 소중한 사람이란다."

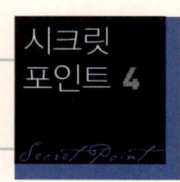

시크릿 포인트 4

다른 사람을 행복하게 해 보세요

'배'려는 내가 아닌 다른 사람을 생각하는 마음이지요. 다른 사람에게 관심을 갖고, 다른 사람을 돕고 보살펴 주고, 다른 사람을 아껴 주고, 내가 가진 것을 나눠 주는 마음이 바로 배려입니다.

이 세상을 아름답게 만들려면 어떻게 해야 할까요? 배려는 이 세상을 아름답게 만드는 힘이 있어요. 사람들이 배려를 하게 된다면 우리가 사는 세상은 정말 행복한 세상이 될 거예요. 하지만 아직 우리가 사는 세상에는 배려가 부족하기 때문에, 불행한 사람들, 불쌍한 사람들, 가난한 사람들이 넘쳐 나지요.

지금 당장 어떻게 하면 내가 다른 사람을 기쁘고, 행복하게 할 수 있을지 생각해 보세요. 우리 가족의 마음, 친구의 마음, 내 주변 사람들의 마음을 기쁘게 해 줄 수 있을까 생각해 보세요. 배려는 바로 그것에서부터 시작하는 것이지

요. 배려는 크고 힘든 일이 아니에요. 쉽고, 간단한 일부터 시작해 보세요. 하지만 배려를 할 때 잊지 말아야 할 것이 있답니다. 남을 위하는 행동이 모두 배려는 아니라는 거지요. 나는 분명히 남을 위해 한 행동이지만, 남은 그렇게 받아들이지 않을 수가 있어요. 그것은 배려가 아니에요.

예를 들어 볼게요. 친구와 함께 만두와 찐빵을 먹게 되었어요. 그런데 나는 만두가 좋아서 친구에게 만두를 먹으라고 자꾸 권했어요. 나는 찐빵을 안 좋아했지만, 억지로 찐빵을 먹었어요. 그런데 친구가 괜찮다면서 자꾸 거절하는 거예요. 나중에는 친구가 이렇게 말하는 거예요. "넌 어떻게 남 생각을 조금도 안 하니? 난 너 같은 친구는 필요 없어!"

사실 친구는 만두가 좋은 게 아니라 찐빵이 좋았던 거예요. 그것도 모르고 자꾸 만두를 먹으라고 해 놓고, 자기는 친구가 좋아하는 찐빵을 다 먹어 치웠으니, 친구가 버럭 화를 냈지요. 이처럼 배려도 무턱대고 하면 안 돼요. 배려를 하기 전에 상대방 마음을 살펴보고, 상대방 입장에서 생각해 보아야 한답니다.

5 세상를 향한 믿음

수단 사람들이 수백 년 동안 믿고 의지해 왔던
미신이나 무당보다 이태석 신부를 더 믿게 됐다는 것
그리고 그들이 이태석 신부를 향한
고마움을 표현하려고 애쓰고 있다는 것.
그 자체만으로도 이태석 신부는 힘이 났다.

"신부님!"

진료소에 한 할아버지가 실려 왔다. 의식을 잃은 할아버지를 데려온 것은 가족들이었다. 가족들은 이태석 신부의 팔을 붙잡으며 매달렸다.

"신부님, 제발 아버지를 살려 주세요."

이태석 신부는 환자의 가족들을 진정시키고 의료실로 달려갔다. 간호사 수녀들이 응급조치를 하고 있었다.

"신부님, 환자가 숨을 안 쉬어요. 어떡하죠?"

가까이 가서 살펴보니 정말 숨이 멎은 상태였다. 환자가 숨을 멈추었다는 소리를 들은 가족들이 복도에서 크게 소리내어 울기 시작했다. 이태석 신부는 가족들을 멀리 내보내라고 외치고는 심폐소생술을 하기

시작했다.

"하나, 둘, 셋!"

심장 마사지를 하고 앰부백(공기 주입 도구)으로 공기를 주입하자 환자의 몸이 덜컹거렸다. 그렇게 3분 남짓 심폐소생술을 하자 환자의 호흡이 다시 돌아왔다.

"됐어요! 환자가 다시 숨을 쉬어요!"

환자의 호흡이 어느 정도 안정되자 이태석 신부는 가족들을 불러들였다.

"환자에게 무슨 일이 있었습니까? 특별한 증세를 보였나요?"

가족들은 별 일이 없었다며 눈물을 훌쩍였다. 평소와 다름없이 길을 걷고 있었는데, 갑자기 푹 쓰러졌다는 것이다.

이태석 신부는 환자의 눈꺼풀을 뒤집어 보았다. 눈이 충혈되고 눈동자의 색이 선명하지 못한 것이 심각한 열에 시달리고 있는 것이 틀림없었다.

"수액을 준비해 주세요. 말라리아 약하고 포도당도 함께 주시고요."

이태석 신부의 말에 간호사 수녀들이 고개를 갸웃거렸다.

"검사도 해 보지 않고 어떻게 아세요?"

"지금은 검사할 겨를이 없잖아요. 일단 내가 지시한 대로 말라리아

치료제인 클로로퀸을 주세요."

이태석 신부가 단호하게 말했다. 그러자 간호사 수녀들이 일사불란하게 움직였다. 얼마나 지났을까. 불규칙하던 환자의 호흡이 안정되고, 열이 내리기 시작했다. 그로부터 약 한 시간쯤 뒤에는 환자가 의식을 되찾았다.

"물……."

물을 찾는 환자의 목소리를 들은 가족들은 환호성을 질렀다.

"오, 이건 기적이야!"

이태석 신부도 그제야 식은땀을 훔쳤다. 가슴 깊은 곳에서부터 한숨이 나왔다. 절망의 한숨이 아니라 '살았다.'라는 기적의 한숨이었다.

그 무렵, 간호사 수녀들도 긴장이 풀렸는지 털썩 주저앉고 말았다. 모두 적잖이 긴장을 했던 모양이었다.

한바탕 소동이 끝나고 환자가 안정을 되찾았다.

"신부님은 정말 대단한 실력을 가지셨어요!"

"기적을 일으키는 분이세요!"

환자의 가족들은 이태석 신부를 입을 모아 칭찬했다. 이태석 신부는 환자를 향해 멋쩍은 웃음을 지어 보였다.

사실, 톤즈의 진료소를 찾는 환자의 80퍼센트 이상이 말라리아에 걸린 사람들이었다. 나머지 환자라고 해 봐야 장티푸스나 콜레라, 이질 같은 전염병 환자가 대부분이다. 그러니까 전염병 치료법만 제대로 알아도 '명의'가 되는 셈이다.

"수녀님, 이 환자한테 수액이랑 말라리아 약 좀 주세요."

"신부님, 검사를 해 봐야 되지 않을까요?"

"척 보면 알아요."

"그래도 어떻게 검사도 안 해 보고 병명을 단정 짓겠어요?"

간호사 수녀가 못 미더워하면 이태석 신부는 큰 소리로 웃었다.

"하하, 서당 개 삼 년에 풍월을 읊은 격이라고나 할까요?"

이태석 신부는 톤즈에 온 뒤로 8년 동안 계속해서 말라리아와 장티푸스, 콜레라 등 각종 전염병 환자들을 상대해 왔다. 그러다 보니 환자의 증상만 봐도 어떤 병인지 알아낼 정도가 된 것이다.

말라리아는 모기 때문에 감염되는 병이다. 모기가 환자의 피를 빠는 짧은 찰나에, 말라리아균이 몸속으로 들어가게 되는 것이다. 그렇게 사람의 몸속으로 들어간 말라리아균은 적혈구를 파괴시키고, 간과 비장을 약하게 만든다.

그러다 보니 말라리아 환자들은 대부분 속이 메스껍다고 토로한다. 근육통과 두통, 목 뒤의 뻐근함을 호소하는 환자도 많다. 심할 경우 코

피를 흘리는 경우도 있고, 증상이 악화되면 구토와 함께 열이 난다. 종종 헛것을 보고, 소리를 지르는 경우도 있다. 열이 심하다 보니 혼미 상태가 되는 것이다.

그런데 말라리아균 가운데 '팔시파룸'이라는 균에 감염된 환자들은 상태가 좀 심각하다. 대부분의 말라리아 환자들은 약을 처방해 주면 상태가 나아지는데, 팔시파룸균에 감염된 환자들은 심한 열에 시달리다가 경련을 일으키고, 상태가 심각해지면 숨을 거두고 만다.

콜레라나 장티푸스 환자들은 물 때문에 감염이 된다. 균이 가득한 물을 마신 환자들은 창자가 뒤틀리는 듯하다며 고통을 호소한다. 균이 열을 오르게 하고, 내장이 꼬이는 듯한 고통을 주기 때문이다.

"신부님, 어쩜 그렇게 환자의 병을 정확하게 짚어 내세요?"

"최첨단 장비가 필요없겠어요!"

사람들은 이태석 신부의 능력을 놀라워했다. 하지만 이태석 신부는 언제나 환자를 볼 때마다 긴장되지 않는 순간이 없었다. 정확한 장비 없이 오로지 자신의 직감만으로 환자의 병을 판단한다는 게 얼마나 불안하고 두려운 것인지 아는가.

이태석 신부는 환자가 진료실에 들어오면 5초 정도는 환자가 걷는 모습을 관찰하고, 나머지 10초 정도는 아무 말 없이 환자의 눈을 들여다

보았다. 비록 그것은 짧은 시간에 불구했지만, 환자의 상태를 이모저모 체크하고 판단하기 위해서 꼭 필요한 시간이었다.

"말라리아나 콜레라 같은 전염병은 발병 하루 이틀 안에 찾아오기만 하면 완치율이 백 퍼센트예요. 몸이 좀 아프다 싶으면 곧장 진료소로 오셔야 해요."

이태석 신부는 틈만 나면 사람들에게 진료소를 찾으라고 설명했다. 하지만 가끔 이런 이태석 신부의 노력을 헛수고로 만드는 경우도 있었다.

톤즈 사람들은 미신을 믿는 경우가 많다. 병이 나도 과학적으로 그 원인을 찾으려고 하지 않고, 무조건 기도를 하거나 굿을 해서 치료하려는 사람도 적지 않다. '바끼따'의 경우가 그랬다.

바끼따는 이태석 신부와 함께 진료소에서 일하게 된 간호사의 딸이었다. 이태석 신부는 바끼따의 엄마가 간호사니까 집안 식구들도 당연히 과학적인 사고방식을 가졌을 거라고 생각했다. 하지만 실제는 그렇지가 않았다.

하루는 바끼따가 심한 경련을 일으켜 병원으로 실려 왔다. 열도 높지 않았는데 정신을 차리지 못했다. 바끼따는 흰자위를 보이며 심한 경련을 일으켰다. 검사를 해 보니 말라리아에 걸린 것이었다.

"아이를 서둘러 치료해야겠어요."

이태석 신부가 바끼따의 엄마에게 말했다. 그런데 이게 웬일인가. 간호사인 그녀가 갑자기 아이를 데리고 나가서 굿을 하겠다고 우기는 것이었다.

"아이를 보내 주세요. 신부님은 못 믿겠어요."

"그럴 시간이 없어요!"

"내 딸이라고요! 내가 마음대로 하게 내버려 두세요."

말라리아로 인한 경련이 오래가면 뇌에 산소가 부족해져서 목숨이 위험해진다. 이태석 신부는 발륨(항경련제)를 주사하고, 혈관에다 주사를 놓으려고 했다. 하지만 바끼따는 몸을 미친 듯이 뒤흔들었다. 도저히 일곱 살짜리 여자아이의 힘이라고는 믿기지 않을 정도로 거센 경련이었다.

"저걸 보세요. 저 아이 몸속에 마귀가 들어간 거예요. 못된 마귀는 굿으로 쫓아내야 해요. 비켜요, 아이를 데려가겠어요."

"안 된다니까요!"

바끼따의 엄마는 어떻게든 아이를 데리고 가겠다고 우겼다. 이태석 신부는 바끼따의 팔에 간신히 말라리아 약인 퀴닌을 주사했다. 그러나 주사액이 들어간 지 30분이 지나도 아이의 경련은 멈추지 않았다.

"이건 못된 마귀의 짓이야!"

"내 딸을 이렇게 잃을 순 없어요. 보내 주세요."

"제발 침착하게 생각해요. 당신은 간호사잖아요. 지금까지 이런 환자들을 수도 없이 많이 봐 왔잖아요?"

이태석 신부가 말했지만 엄마는 막무가내였다.

"놔요, 늦기 전에 굿을 하러 가야 해요."

바끼따의 엄마뿐만 아니라 아버지까지 나서서 무당에게 데려가겠다고 말했다. 이태석 신부는 어이가 없었다. 이대로 병원에서 나가면 죽을 게 뻔한 상황이었다. 그런데도 부모는 경련하는 아이를 끌고 나가겠다고 고집을 피웠다.

"제발 30분만 기다려 줘요. 그래도 아이가 나아지지 않는다면 보내 줄게요."

이태석 신부는 바끼따의 엄마와 아버지에게 애원했다.

아버지는 태도를 누그러트리려고 하지 않았다. 그러나 간호사인 엄마는 이태석 신부의 애절한 눈빛에 마음이 흔들리는 모양이었다.

"제발 저한테 기회를 주세요."

이태석 신부가 다시 애원했다. 그러자 바끼따의 엄마가 고개를 돌리며 이태석 신부의 눈을 피했다. 하지만 더 이상 아이를 잡아끌지도 않았다.

이태석 신부는 재빨리 간호사 수녀에게 발륨과 퀴닌의 양을 늘려 달라고 부탁했다. 그렇게 25분쯤 지나자 경련이 조금씩 가라앉기 시작했다.
"고맙다, 고마의……."
이태석 신부는 바끼따의 얼굴을 어루만지며 중얼거렸다. 한바탕 저대로 전쟁을 치렀더니, 이태석 신부의 온몸이 식은땀으로 범벅되어 있었다.

이튿날 아침, 이태석 신부는 누군가 진료실 문을 열고 들어오는 소리에 잠에서 깼다. 이태석 신부는 눈을 뜨긴 했지만 좀처럼 몸이 움직이질 않았다. 간밤의 긴장 때문이었는지 온몸이 쑤시고 아팠다. 그때였다. 누군가 이태석 신부의 이마를 손으로 짚는 것이 아닌가. 작고 조그마한 손이었다.

이태석 신부는 간신히 고개를 들어올렸다.

"바끼따!"

이태석 신부의 이마를 짚어 준 것은 바끼따의 작은 손이었다.

"아파?"

바끼따가 까만 눈을 깜빡이며 물었다.

"아냐, 하나도 안 아파."

바끼따가 이태석 신부의 입에다 망고 열매를 넣어 주었다. 어젯밤 온몸을 뒤틀며 고통스러워하던 자신을 지켜 준 것에 대한 감사 인사인 것 같았다. 이태석 신부는 망고 열매를 오물거리면서 빙그레 웃음을 지었다. 생명을 지켜 낸다는 것은 정말 달콤한 일이었다.

한번은 이런 일도 있었다.

어느 날 진료소에 '치콤'이라는 청년이 찾아왔는데, 그는 마비오리알이라는 마을 족장의 아들이었다. 치콤은 몸이 심하게 마비된 상태였고,

넋이 반쯤 나간 듯했다. 고열 때문에 정신이 혼미해진 것이었다. 치콤은 '으악!' 하고 고함을 지르며 미친 듯이 몸을 떨었다.

"환자가 언제부터 이랬나요?"

이태석 신부가 묻자 치콤의 보호자라는 마을 족장이 앞으로 나섰다.

"지난 달부터 이랬습니다."

"그럼 진작 병원으로 데려오셨어야죠!"

이태석 신부가 치콤의 눈꺼풀을 까뒤집으며 말했다. 그러자 아버지인 족장이 인상을 찌푸렸다. 족장은 치콤을 위해서 용한 무당을 모두 데려왔었다고 했다. 무당에게 바친 소가 60마리가 넘고, 염소가 30마리라는 것이었다. 수단에서 그 정도 돈이면 보통 사람들이 3,4년은 놀고먹을 정도로 큰돈인 셈이다.

"무당이 환자를 낫게 할 수는 없어요!"

"우린 지금까지 그렇게 해 왔소."

"비키세요, 환자에게 정맥 주사를 놔야 해요."

치콤은 뇌막염이었다. 병이 발병한 지 한 달이 넘었기 때문에 어디서부터 어떻게 치료를 해야 할지 방법이 떠오르질 않았다. 이대로라면 치콤은 생명을 잃을 수도 있는 상황이었다. 이태석 신부는 진작 아들을 병원으로 데려오지 않은 아버지에게 화가 났다. 하지만 아버지인 족장의 입장에서는 자신이 알고 있는 모든 수단과 방법을 동원해 아들을 살리려고 노력했다는 것도 느낄 수가 있었다.

"신부님, 부탁이오. 돈이 얼마가 들어도 좋소. 우리 아들을 제발 살려 주시오."

"할 수 있는 데까지는 해 봅시다……."

이태석 신부는 치콤의 상태를 살피며 말했다.

이태석 신부는 먼저 강한 항생제를 투여하고, 위를 튜브에다 직접 연결해서 묽게 쑨 죽을 먹이도록 했다. 그리고 부족 사람들에게 계속해서 몸을 주물러 달라고 부탁했다. 마비를 풀기 위한 물리치료였다.

하지만 좀처럼 치콤의 상태는 나아지지 않았다. 숨만 쉬고 있을 뿐, 의식도 없고 움직임도 없는 상태가 계속됐다.

"내가 뭐랬어요! 오라토리오 근처에 용한 무당이 산다고 했잖아요. 거기로 데려갔으면 치콤을 살릴 수 있었을 거예요!"

"지금이라도 늦지 않았어요. 치콤을 데리고 가요."

부족 사람들이 족장에게 소리쳤다.

"이 아이를 데려가도 되겠소?"

족장이 이태석 신부를 찾아와 물었다. 치콤을 내놓지 않으면 당장이라도 이태석 신부를 죽일 듯한 기세였다. 이태석 신부는 한숨이 새어

나왔다. 무슨 말을 어디서부터 해야 할지 방법도 생각나질 않았다. 수단 사람들이 절실하게 믿고 있는 미신이 원망스럽기만 했다. 이태석 신부는 잠시 숨을 고르고 말을 이었다.

"지금 여길 떠나면 치콤은 죽고 말 겁니다. 그러니 나를 믿고 치콤을 이곳에 맡겨 주십시오."

"우리 아들이 죽으면 내 뒤를 이을 후계자가 없다오. 난 반드시 이 아이를 살려야만 해요. 우리 부족을 위해서라도……."

"믿으세요. 치콤은 살 수 있을 겁니다."

이태석 신부는 족장의 손을 맞잡았다. 그러자 시종일관 바위처럼 뜨딱한 표정을 짓고 있던 족장이 흐느껴 울기 시작했다.

"제발 아들을 살려 주시오. 내 아들만 살릴 수 있다면 뭐든 다 하겠소!"

족장은 부족 사람들에게 이태석 신부를 도우라고 명령했다. 그의 말이 떨어지기 무섭게 수십 명이 넘는 부족 사람들이 이태석 신부를 따라다니기 시작했다. 이태석 신부가 밥을 먹을 때도, 다른 환자를 돌볼 때도, 잠을 잘 때도 부족 사람들이 곁을 지키고 서 있었다.

"신부님, 저 사람들은 언제까지 여기 있을 작정이래요?"

좁은 진료소 안에 수십 명의 장정들이 버티고 서 있으니 불편하기 그지 없었다. 오죽하면 간호사 수녀들이 치콤을 돌려보내면 안 되겠냐고 물을 정도였을까. 그렇게 사흘 정도가 지났다. 의식이 없던 치콤이 손가락을 움직이기 시작했다. 그 모습을 본 부족 사람들이 모두 치콤의 이름을 불렀다.

"치콤, 눈을 떠!"

"정신 차려!"

부족 사람들의 목소리를 들은 치콤은 눈을 떴다. 그로부터 보름 정도

지나자 치콤은 혼자 걸어 다닐 정도로 좋아졌고, 한 달이 지난 뒤에는 퇴원을 하게 됐다. 치콤이 퇴원을 하던 날, 가장 기뻐했던 것은 간호사와 수녀님들이었다.

"이제야 진료소를 좀 넓게 쓸 수 있겠어요."

"휴, 그동안 얼마나 괴로웠는지 몰라요."

모두가 안도의 한숨을 쉬고 있을 때였다. 갑자기 진료소 앞에 수십 마리의 황소 떼가 나타났다.

"신부님, 밖으로 좀 나와 보세요!"

"세상에, 이게 다 뭐야……."

수십 마리의 황소를 끌고 온 것은 바로 치콤의 아버지였다. 그는 치콤을 살려 줘서 고맙다며 이태석 신부에게 황소를 선물로 안겨 줬다. 이태석 신부가 황소의 고삐를 움켜쥐자, 부족 사람들이 환호성을 지르고 노래를 부르기 시작했다.

"쫄리, 만세!"

"와아! 쫄리가 기적을 일으켰다!"

진료소 앞마당은 난데없이 축제의 장소로 바뀌고 말았다. 여느 결혼식만큼 성대하고 화려한 축제였다. 이태석 신부는 이 어이없는 축제를 바라보면서 웃음을 터트렸다. 치콤이 살았으니까 축제였지, 만약 생명이 위험해졌더라면 어떤 일이 일어났을지…….

그 뒤로도 이태석 신부는 치콤의 일만 생각하면 자기도 모르게 웃음이 피식 터져 나왔다.

이곳 수단 사람들은 고마워도 절대로 '고맙습니다.'라는 말을 잘 하지 않는다. 먹을 것을 나눠 줘도, 병을 치료해 줘도 고맙다는 말을 하지 않는 것이 그들의 특징이었다. 대부분의 사람들이 워낙 가난하고 힘들게 살다 보니 감사의 마음을 표현할 줄도 모르는 감정이 무딘 사람이 되어 버린 것이다.

그런데 이태석 신부가 진료를 하는 동안 "고맙습니다."라고 말하는 사람들이 하나둘 생겨나기 시작했다. 이태석 신부를 향한 믿음이 생겨난 것이다.

진료를 마친 사람들은 저마다의 방식으로 고마움을 표현하기 시작했다. 어떤 사람은 자기가 기르는 암탉을 들고 와서 말없이 내려놓았고, 어떤 사람은 이태석 신부에게 자기가 가장 아끼는 염소를 내놓기도 했다. 그들에게 그것은 전 재산이나 다름없는 귀한 것이었다. 그것을 아낌없이 내놓고 "고맙다."라고 말하는 사람이 생겨났다는 것. 그것은 정말 엄청난 변화였다.

"내겐 여러분이 더 고가운 존재입니다."

수단 사람들이 수백 년 동안 믿고 의지해 왔던 미신이나 무당보다 이태석 신부를 더 믿게 됐다는 것. 그리고 그들이 이태석 신부를 향한 고마움을 표현하려고 애쓰고 있다는 것. 그 자체만으로도 이태석 신부는 힘이 났다.

시크릿 포인트 5

다른 사람이 행복해지면 나도 행복해져요

다른 사람을 돕는 것은 누구를 위한 행동일까요? 다른 사람을 돕는다고 하니까 당연히 다른 사람을 위하는 거라고 생각하나요? 아닙니다. 다른 사람을 돕는 것은 바로 나를 위한 것입니다.

사람은 혼자 살 수 없어요. 서로 돕지 않으면 안 되니까요. 그래서 사람은 모여서 함께 사는 거예요.

사람은 살다 보면 누구나 다른 사람의 도움이 필요할 때가 있어요. 그런데 아무도 나를 도와주지 않으면, 사는 게 너무 힘들 거예요. 내가 남을 도울 줄 알아야, 다른 사람도 나를 도와주지요.

진정한 도움이란 내가 도움을 받으려고 다른 사람을 도와주는 게 아니에요. 우리가 할머니의 무거운 짐을 들어 드리거나 장애인에게 버스의 빈자리를 양보하는

 것은, 할머니나 장애인더러 나중에 신세를 갚으라고 하는 행동은 아니잖아요?

　다른 사람을 도와주면 내 마음은 어떻게 될까요? 든든해지면서 힘이 생기지요. 왜냐고요? 내가 세상에서 쓸모 있는 사람이라는 걸 깨닫게 해 주니까요.

　불쌍한 사람을 도와 보세요. 내 마음속에 있는 어려움을 이겨 낼 힘이 생깁니다. 남을 돕는 행동은 결국 자기 자신을 위한 행동이라는 걸 잊지 마세요.

6 공부하고 싶어요

"수녀님, 예수님이 이곳에 오셨으면
성당을 먼저 만드셨을까요,
학교를 먼저 만드셨을까요?"
이태석 신부가 엉뚱하게 물었다.
"그게 무슨 말씀이세요?"
"제 생각엔 아마 이곳 아이들을 위해 학교부터
만들지 않으셨을까 해요. 이게 다
예수님의 뜻이라고 생각하세요."

"기브 미 머니!"

"기브 미 비스킷!"

이태석 신부가 처음 수단을 찾아왔을 때 본 아이들의 모습은 충격적이었다. 아이들은 다른 나라 사람인 이태석 신부를 보자마자 돈이나 먹을 것을 달라며 모여들었다. 아이들은 그렇게 구걸을 해서 번 돈으로 배를 채운다. 그리고 나서 배가 어느 정도 부르다 싶으면 나무 밑에 모여 앉아서 잠을 잔다.

그나마 움직일 힘이 남아 있는 아이들은 툭하면 자기들끼리 싸움을 했다. 전쟁을 겪으며 자란 아이들에게 싸움은 놀이처럼 당연한 것이었다. 이태석 신부는 그런 아이들의 모습에 충격을 받지 않을 수 없었다.

그 아이들에게서는 미래가 전혀 보이지 않았던 것이다.

이태석 신부는 문득 어린 시절이 떠올랐다. 전쟁이 끝난 직후 우리나라 역시 가난하기는 마찬가지였다. 하지만 우리나라 사람들에게는 '희망'이라는 것이 있었다. 아이들은 하나라도 더 배우려고 애썼고, 어른들은 허리춤을 졸라맸다. 아끼며 노력하다 보면 언젠가는 잘살게 될 거라는 희망이 있었던 것이다.

그런데 수단 사람들은 달랐다. 그들의 얼굴에는 희망이란 것이 보이지 않았다. 세상에 미래가 없는 것보다 두려운 게 있을까.

이태석 신부는 이곳 아이들이 한없이 가엾게 느껴졌다. 그때였다. 한 아이가 이태석 신부의 옷자락을 붙잡으며 말했다.

"기브 미 어 팬!"

"왓?"

이태석 신부가 아이를 향해 되물었다. 아이는 더듬더듬 다시 '팬'을 달라고 말했다. 이태석 신부는 그 아이에게 팬을 얻어서 무얼 할 거냐고 물었다. 그러자 아이가 수줍은 듯 미소를 지으며 말하지 뭔가.

"공부할 거예요."

이렇게 말하는 아이의 눈에는 희망이 반짝이고 있었다.

그로부터 몇 년 뒤, 다시 수단으로 돌아온 이태석 신부는 가장 먼저

'학교'를 세우는 일을 시작했다. 사람은 누구나 배울 수 있는 권리가 있다. 마찬가지로 이곳 수단의 아이들에게도 배울 수 있는 권리가 있다. 이태석 신부는 그 권리를 지켜주고 싶었던 것이다.

"이곳에 학교를 세우면 어떨까요?"

"학교?"

이태석 신부와 함께 선교 활동을 하던 제임스 신부가 고개를 갸웃했다. 밀려드는 환자들을 돌보기에도 벅찬데 무슨 수로 학교를 세우겠냐는 것이었다. 그래도 이태석 신부는 고집을 꺾지 않았다.

"건물도 없잖아요. 수업을 하려면 교실도 있어야 하고……."

제임스 신부가 말끝을 흐렸다. 당장 환자가 지낼 병실도 모자라는데 교실을 어떻게 마련하겠느냐는 말을 하려다가 만 것이었다.

"나무 밑에서 수업을 하면 되죠. 학교가 별 건가요? 칠판이랑 의자만 있으면 되잖아요. 우리 형편에 의자를 구하긴 힘드니까, 칠판만 구해 오도록 하죠."

이태석 신부는 별일 아니라는 듯이 말했다. 하지만 학교를 세운다는 게 얼마나 어려운 일인지 이태석 신부도 잘 알고 있었다.

이곳 아이들은 무엇인가를 제대로 배울 시간이 없었다. 달마다 전염병이 들끓고, 먹을 게 없어서 배가 등가죽에 달라붙을 정도로 힘든 생활이 계속되었다. 그런 형편의 아이들에게 빵 대신 볼펜을 선택하라고 하는 것 자체가 무리일 게 뻔했다.

"그래도 해 보자……. 까짓, 안 되면 될 때까지 노력하면 되는 거지!"

이태석 신부는 주먹을 움켜쥐었다.

그렇게 해서 톤즈에도 '학교'라는 것이 만들어졌다.

"학교가 생겼대."

"그건 오라토리오처럼 큰 도시에나 있는 거잖아."

"맞아, 거긴 잘사는 애들만 다니는 곳이잖아."

톤즈의 아이들이 모여서 웅성대기 시작했다. 그러거나 말거나 이태석 신부는 아이들에게 학용품을 나눠 주었다. 그리고 볼펜을 더 받고 싶으면 학교에 나와서 수업을 들어야 한다고 말했다. 아이들의 눈빛이 반짝였다.

"자, 이제 수업을 시작하겠어요!"

학교를 만든 첫날, 모인 학생의 수는 30여 명 남짓이었다. 이태석 신부는 그 아이들을 한데 모아 놓고 영어 단어를 가르쳤다.

"이 글자는 에이라고 해요. 다 함께 따라 읽어 볼까요? 에이!"

"에이!"

아이들이 병아리 같은 입을 오물거렸다.

그 모습을 보는 순간 이태석 신부는 가슴이 벅찼다. 설렘과 호기심이 가득한 아이들의 모습 속에 희망이 꿈틀거리는 것을 느낄 수 있었던 것이다.

그런데 이태석 신부의 마음 한구석에는 무거운 죄책감이 밀려들었다. 공책이 부족해서 손가락으로 영어 단어를 쓰고, 책상 대신 바닥에 앉아 공부를 하는 아이들에 비하면 우리의 생활은 '죄'에 가까울 정도로 사치스럽지 않은가.

학교가 생긴 지 석 달도 안 되어 아이들의 수가 70여 명으로 늘어났

다. 이태석 신부가 생각했던 것보다 곱절은 많은 수였다.

이태석 신부는 책상 대신 Y자 형태로 긴 통나무 의자를 만들었다. 한꺼번에 열다섯 명 이상의 아이들이 나란히 앉을 수 있는 의자였다. 그 가운데 칠판을 놓았더니 제법 교실 분위기가 났다. 하지만 그것도 잠시뿐.

"신부님, 새로 온 애들한테 나눠 줄 공책이랑 연필이 없어요."

"책도 부족해요."

새로 찾아오는 아이들의 수는 날마다 늘었는데, 마련할 수 있는 책이나 학용품은 턱없이 부족했다.

이태석 신부는 마음이 갑갑해졌다.

"어떻게든 책을 구할 방법이 없을까요?"

"당장은 힘들어요. 새 책을 구하려면 여기서 2천 킬로미터도 넘는 거리를 다녀와야 한다고요. 신부님, 차라리 학생을 당분간 받지 말도록 하죠. 지금 아이들만 가르치기도 벅차잖아요?"

"하지만……."

"그럼 어떡해요? 좋은 방법이 없는걸요."

사람들의 말에 이태석 신부는 고개를 끄덕였다.

"알겠습니다. 오늘까지만 신입생을 받도록 하죠. 나머지 학생들은 그냥 집으로 돌려보내도록 하겠어요."

그렇게 말하고 돌아간 이태석 신부는 놀라운 광경을 보게 되었다.

책과 학용품이 모자라서 더 이상 학생을 받을 수 없다는 얘기를 들은 아이들이 자기들끼리 방법을 생각해 낸 것이었다. 아이들은 세 명이 한 권씩 책을 나눠 보겠다고 했다. 공책도 나눠 쓰겠다고 했다. 공책이 아예 없는 아이들은 흙바닥에다가 나뭇가지로 글자를 썼다.

"신부님, 우리가 책을 나눠 볼 테니까 저 아이들도 학교에 다닐 수 있게 허락해 주세요."

"부탁드려요, 신부님!"

아이들의 모습을 본 이태석 신부는 코끝이 찡해졌다.

대견한 건 이뿐만이 아니었다.

톤즈는 원래 전기가 들어오지 않기 대문에 해가 지면 온 다을이 깜깜해진다. 어둠이 깔리기 시작하면 아이들은 대부분 집 안에 틀어박혀서 잠을 자거나 노닥거리며 시간을 보내기 일쑤였다.

그런데 학교 수업을 시작한 뒤부터 아이들이 자꾸만 밤에 집 밖으로 나간다는 소리가 들려왔다. 이태석 신부는 아이들이 대체 무엇을 하는 것인지 궁금했다.

"애들이 방금 언덕 쪽으로 갔어요."

이태석 신부는 아이들이 모여 있는 언덕을 향해 천천히 걸어갔다. 멀리서 이태석 신부의 콧노래 소리를 들은 아이들이 손을 흔들어 보였다.

"애들아, 여기서 뭐 하니?"

이태석 신부가 자상한 목소리로 물었다. 그러자 아이들이 무릎에 펴 놓은 책을 들어 보였다. 아이들은 언덕에 모여 앉아 달빛을 전등 삼아 공부하고 있었다. 눈빛과 달빛을 등잔불 삼아 공부한다는 '형설지공'을 이곳 아이들이 실천하고 있었던 것이다.

이태석 신부는 마음이 뭉클해졌다. 어떻게 해서든 아이들이 공부할 여건을 만들어 주어야 한다는 생각이 들었다.

"얘들아, 성당으로 와서 공부하렴. 거긴 발전기가 있으니까 밤에도 공부할 수 있단다."

"정말요?"

"그럼, 언제든 공부하고 싶으면 찾아오렴. 너희를 위해 항상 문을 열어 둘 테니까."

이태석 신부의 말이 끝나기 무섭게 아이들이 우르르 예배실로 몰려갔다. 한편, 그 모습을 본 수녀님이 깐깐한 표정으로 이태석 신부를 향해 말했다.

"신부님, 암만 그래도 그렇지 아이들에게 예배실을 함부로 쓰라고 하시면 어떡해요?"

"예배는 주일에만 드리는 거잖아요."

"어머, 신부님이 어떻게 그런 말씀을 하세요? 저곳은 함부로 들어가서는 안 되는 신성한 곳이에요!"

"수녀님, 예수님이 이곳에 오셨으면 성당을 먼저 만드셨을까요, 학교를 먼저 만드셨을까요?"

이태석 신부가 엉뚱하게 물었다.

"그게 무슨 말씀이세요?"

"제 생각엔 아마 이곳 아이들을 위해 학교부터 만들지 않으셨을까 해요. 이게 다 예수님의 뜻이라고 생각하세요."

이태석 신부는 능청스럽게 말하고는 수녀님을 밀어냈다. 결국 깐깐한 수녀님도 예배실을 아이들에게 내줄 수밖에 없었다.

아이들이 예배실을 쓸 수 있는 시간은 저녁 9시까지였다.

낮 동안 모은 태양열을 이용해 전기를 일으키기 때문에 쓸 수 있는 전기의 양이 한정되어 있었던 것이다. 저녁 8시 50분쯤 되면 이태석 신부는 예배실로 들어가서 "모두 자습을 멈추세요!"라고 소리쳤다. 하지만 아이들은 좀처럼 자리에서 일어나려고 하지 않았다.

"신부님, 30분만 더 공부할 수 있게 해 주세요."

"부탁드려요!"

이태석 신부는 피식 웃음이 나왔다.

우리나라 아이들에게 공부를 하라고 시켰으면 "30분만 줄여 주세요!"라고 졸랐을 텐데. 신기하게도 톤즈의 아이들은 그 반대로 공부를 더 하게 해 달라고 졸라 대는 것이었다. 매일 밤마다 아이들이 "신부님, 가전제품이 뭐예요?" "세금이 뭔데요?" "복리라는 게 뭘 뜻하는 거예요?" 하고 물어 댔다.

그 질문에 일일이 답을 해 주다 보면 환자를 돌볼 시간이 모자랄 정도였다. 그래도 이태석 신부는 아이들의 모습이 대견하기 그지없었다. 새로운 것을 배우면 배울수록 아이들의 눈빛이 더욱 빛났기 때문이다.

"수녀님, 발전기를 좀 더 가동시킬 수 없을까요?"

"안 돼요, 그럼 낮에 우리가 쓸 수 있는 전기가 부족해져요."

"흠……. 그럼 앞으로 병원에서 꼭 써야 하는 전기 외에는 어떤 것도 쓰지 맙시다."

"신부님!"

이태석 신부의 과감한 결단 덕분에 톤즈 아이들의 자습 시간이 밤 9시에서 11시로 늘어났다. 그래도 아이들은 공부를 더 하고 싶다며 졸랐다.

'저 아이들을 위해 튼튼한 학교 건물을 지어야 할 텐데…….'

이태석 신부는 어떻게든 아이들이 마음 놓고 공부할 수 있는 곳을 만들고 싶었다.

톤즈 사람들 대부분은 학교에 다녀 본 적이 없다. 그나마 형편이 나은 집 아이들은 초등학교를 다니는데, 그것도 잠시일 뿐. 대부분의 아이들이 중학교도 제대로 가지 못한 채 공부를 그만두었다.

돈도 돈이지만 무엇보다도 근처에 다닐 만한 학교가 없다는 게 제일 큰 문제였다. 이곳에서 가장 가까운 학교가 120킬로미터나 떨어진 곳에 있는 중학교였으니, 형편이 어려운 아이들에게 '학교'는 그림의 떡이었던 것이다.

"예? 학교를 더 세우시겠다고요? 아유, 어림도 없어요!"

"왜 어림없는 일이라는 겁니까?"

"학교를 지으려면 돈이 필요할 텐데, 그 돈은 어디서 마련하시려고요?"

"돈이 왜 없어요! 우리가 예배당을 새로 지으려고 모아 둔 돈이 있잖습니까."

"그 돈을 쓰자고요?"

수녀님의 눈이 휘둥그레졌다.

하지만 이태석 신부는 계속해서 진지한 표정 그대로 말을 이었다.

"그 돈만 갖고는 모자라겠죠? 옳지, 한국에다 모금을 부탁해 보면 어떨까요? 좋은 일에 쓰인다고 하면 틀림없이 많은 분들이 도와주실 겁니다."

이태석 신부의 말이 농담이 아니라는 것을 눈치챈 수녀가 한숨을 내쉬었다.

"휴, 돈은 그렇게 마련한다고 쳐요. 그다음엔 어쩔 건데요? 학교를 세우려면 필요한 게 한두 가진가요? 각 분야의 전문가인 선생님도 있어야 하잖아요."

"선생님이야 모셔 오면 되죠!"

"대체 어느 누가 톤즈처럼 후진 마을까지 오려고 하겠어요?"

"틀림없이 좋은 분들을 만나게 될 겁니다."

이태석 신부는 막무가내로 학교를 짓겠다고 나섰다.

이태석 신부는 우리나라에다가 사정을 설명하고 도움을 청했다. 그러자 어떤 사람은 성금을 냈고, 어떤 사람은 영어 교과서를 구해 주었다. 또 어떤 사람은 학교 교복을 한 무더기 구해 주기도 했다.

학교를 만드는 일은 그렇게 술술 진행되어 갔다. 돈이 어느 정도 마련되자, 이태석 신부는 전쟁 통에 폭격을 맞아 부서진 건물을 사들였다. 이태석 신부는 그 건물의 골조를 이용해서 학교를 세울 작정이었다.

"이쪽 창고 건물은 초등학교 교실로 쓰고, 저쪽 건물은 중학교 교실로 씁시다. 옳지, 여기는 수리를 해서 고등학교 교실로 쓰면 되겠네."

이태석 신부는 일일이 학교 건물을 설계했다. 하지만 문제는 벽돌과 시멘트를 구하는 것이었다. 아프리카 수단에서 시멘트 한 포대의 값은 우리나라 돈으로 2만 원 정도했다. 우리나라 물가로 치자면 별로 큰돈이 아니겠지만, 수단의 물가로 계산을 하자면 웬만한 빌딩 한 채 살 정

도의 큰 돈이었다.

　이곳 아이들이 우리나라 돈 백 원이면 하루 세끼를 먹을 수 있을 정도이니, 2만 원이라는 돈이 얼마나 큰 금액인지 짐작할 수 있을 것이다.

　간신히 돈을 마련했어도 시멘트와 공사 자재를 구하는 것은 쉬운 일이 아니었다. 벽돌은 물론 못이나 철근 같은 건축 자재를 파는 곳이 없었다. 그것을 사려면 이웃 나라인 케냐나 나이지리아까지 가야 했다.

　겨우 못 한 개를 사려고 비행기를 타고 열 시간 넘게 날아가야 한다고 상상해 보라. 얼마나 힘들고 막막한 일인지 짐작이 될 것이다.

"신부님, 그냥 포기하세요!"

"운송비가 물건 값의 몇 백 배나 되잖아요!"

그래도 이태석 신부는 고집을 꺾지 않았다.

이태석 신부는 우여곡절 끝에 구해 온 시멘트와 목재, 못과 철근 등을 이용해서 벽을 새로 쌓아올리고, 공사를 계속했다. 그렇게 공사를 한 지 3년 만에 번듯한 학교 건물이 완성되었다. 학교 건물이 완성되자 이태석 신부는 눈물이 날 정도로 뿌듯했다.

"우리 톤즈에 초등학교, 중학교, 고등학교 교실을 모두 갖춘 학교가

생기다니, 꿈만 같아요!"

"개교 기념식을 해야겠어요!"

이태석 신부는 아이들에게 학교 건물을 자랑했다.

"여기가 바로 여러분이 공부할 곳이에요. 여기서는 밤늦도록 마음껏 책을 봐도 돼요. 공부를 하고 싶은 만큼 마음껏 해도 좋아요. 누구의 눈치도 볼 필요가 없답니다!"

이태석 신부의 말을 들은 아이들이 환호성을 질렀다.

이튿날부터 아이들은 수업을 시작했다. 나이지리아에서 직접 모셔 온 선생님 세 분과 수녀님들, 신부님들이 한 과목씩 맡아서 수업을 하기로 했다. 이태석 신부도 수학을 가르치기로 했다. 그러자 재미있는 일이 벌어졌다.

평소에 이태석 신부나 수녀님들에게 버릇없이 행동하던 아이들도 교실에만 들어오면 깍듯한 학생으로 변하는 것이었다. 이태석 신부가 기도를 할 때는 꾸벅꾸벅 졸던 아이들이었는데 이상하게도 수업 시간에는 한눈 한 번 팔지 않았다. 아이들은 이태석 신부의 말을 한마디라도 더 새겨들으려고 눈을 반짝였다.

어느새 톤즈 학교의 아이들은 120명으로 늘어났다. 한꺼번에 배나 되는 학생들이 늘어나는 바람에 아이들은 책상이 부족해서 널빤지를 이용해야 했고, 의자 대신 바닥에 앉아 수업을 들어야만 했다.

그래도 아이들의 얼굴에는 함박웃음이 가실 줄 몰랐다.

순식간에 '톤즈 학교'는 수단에서 가장 열심히 공부하는 학생들이 모인 곳이 되었다.

'톤즈 학교' 아이들이 수단에서 가장 똑똑하고 공부를 잘한다는 소리까지 들을 정도였다. 가끔 그런 소리가 들려오면 이태석 신부는 자기도 모르게 어깨가 으쓱해졌다.

"우리 학교 애들은 날마다 공부 좀 그만하라는 잔소리를 들어요. 수녀님들이 쫓아다니면서 애들아, 밤에는 자야 해요! 공부 그만하세요! 하고 잔소리를 한다니까요."

이태석 신부는 사람들에게 이렇게 자랑을 했다.

시크릿 포인트 6

남에게 베푸는 법을 먼저 배우세요

남을 이기는 법을 먼저 배워야 할까요, 남에게 베푸는 법을 먼저 배워야 할까요? 남을 이기는 법을 먼저 배워야 잘 살 수 있다고 생각하는 사람들이 있어요. 남을 이겨야 남에게 베푸는 것도 할 수 있다고 생각하는 사람들도 있고요. 남을 이기는 사람이야말로 진짜 능력이 있는 사람이라고 생각하기도 하지요.

하지만 그렇지 않아요. 나보다 다른 사람을 먼저 생각하고, 다른 사람에게 베푸는 걸 먼저 할 줄 알아야 행복해집니다. 다른 사람에게 베푸는 게 귀찮다고요? 나도 힘든데 다른 사람에게 베푸는 거 안 하고 살면 안 되냐고요? 그렇지 않아요. 다른 사람에게 베푸는 건 하면 좋고, 안 해도 되는 그런 게 아니에요. 다른 사람에게 베푸는 건 사람으로 태어났다면 반드시 해야 할 일이에요.

생각해 보세요. 남을 이기는 법을 먼저 배운다면, 사람은 태어나서 죽을 때까지 다른 사람과 경쟁하며 살아야 해요. 이 얼마나 비참한 일인가요? 다른 사람에게 지지 않으려고 걱정과 근심에 빠져 초조하게 산다는 건 얼마나 괴로운 일인가요?

우리가 경쟁하지 않고 다 함께 잘 살 수 있다면 얼마나 좋겠어요? 우리는 필요 없는 경쟁을 너무 많이 해요. 필요 없는 경쟁을 버리고, 다른 사람에게 베푸는 걸 먼저 배우세요. 그러면 우리는 너무나 행복해질 거예요.

자기 자신만 알고, 남을 생각할 줄 모르는 사람은 감옥에 있는 거나 마찬가지예요. 자기 자신만 사는 곳은 감옥이잖아요.

우리가 어렵고 힘들 때 서로 아끼고 보살펴 준다고 생각해 보세요. 어디를 가도 두려운 게 없고, 겁낼 게 없고, 걱정스러운 게 없어요. 서로 아끼고 보살피면 세상은 아름답고 행복해진답니다.

7 쿵쿵짝짝! 브라스 밴드

어느새 브라스 밴드는 톤즈에서 아주 유명한 밴드가 되어 있었다.
브라스 밴드의 아이들은 어딜 가든 밴드 유니폼을 입고 다녔다.
어깨를 떡 벌리고서 가슴을 내밀고 걷는 아이들의
얼굴에는 자랑스러움이 가득했다.

여름내 계속된 가뭄으로 물가가 갑자기 뛰어올랐다. 거기다가 산유지를 놓고 일어난 다툼 때문에 북부 정부군과 남쪽 반군 사이에서 툭하면 전투가 벌어져서 도로가 마비되고 말았다. 안 그래도 물자가 부족한데, 물자를 구할 길조차 막히고 말았으니 물가가 하늘로 치솟는 건 당연한 일이었다.

"이게 얼마라고요?"

이태석 신부가 눈을 비비며 되물었다.

"이천 원입니다."

"엊그제까지만 해도 삼백 원이었잖아요."

"그건 엊그제 이야기죠. 내일이면 더 오를걸요."

"참 나······."

이태석 신부는 달걀을 도로 내려놓았다.

그런데 가게 주인의 말대로 며칠 새 달걀 값은 치솟고 말았다. 2천 원일 때 진작 사 둘 걸 하는 생각이 저절로 드는 순간이었다. 달걀을 사러 왔던 이태석 신부는 말라비틀어진 감자 한 바구니만 사들고 돌아갔다.

이태석 신부가 이 정도이니 현지의 아이들이 겪는 고통은 이루 말할 수 없을 정도였다. 대부분의 아이들이 밥을 먹는 날보다 못 먹는 날이 더 많았다.

배고픔도 큰 고통이었지만, 아이들을 더 힘들게 하는 건 주변의 '두 관심'이었다. 살기가 힘들다 보니 누구도 아이들에게 관심을 갖지 않았다. 하긴, 당장 내가 굶어 죽을 위기에 처했는데 다른 사람의 고통이 눈에 보이지 않는 건 당연한 일일지도 모른다.

이러한 상황이다 보니 톤즈의 아이들은 대부분 마음에 큰 상처를 갖고 있었다. 계속된 내전 때문에 사랑하는 가족을 잃고, 가난과 병으로 고통받는 동안 다음에 단단한 껍질이 생긴 것이다.

"신부님, 무슨 생각을 그렇게 골똘히 하세요?"

생각에 잠겨 있는 이태석 신부에게 수녀님이 물었다.

"아이들을 생각하고 있어요."

"아이들이 왜요? 무슨 문제라도……."

"아뇨, 그런 게 아니라 아이들의 가슴을 녹여 줄 좋은 방법이 없을까 하고 고민하고 있었어요."

이태석 신부는 구김 없이 밝아야 할 아이들의 얼굴이 그늘져 있는 게 늘 가슴 아팠다. 어떻게 하면 아이들이 마음의 상처를 털어 낼 수 있을까 하는 생각이 간절했다.

그러던 어느 날이었다. 이태석 신부는 갑자기 자신의 어린 시절이 떠올랐다. 성당에서 풍금을 만지며 신기해하고, 행복해하던 때가 생각났던 것이다. 그때 그 시절, 이태석 신부는 가난하고 힘들었지만 마음만은 늘 풍요로웠다.

생각해 보면 그것은 언제나 아름답고 그윽한 멜로디와 함께 했기 때문이 아닐까 하는 생각이 들었다.

"그래, 아이들에게 음악을 가르치는 거야!"

이태석 신부는 아이들이 총 대신 악기를 들다 보면 마음의 위로를 얻게 될 거라고 확신했다. 마음의 상처를 치유하고 나쁜 기억에서 벗어나려면 스스로 밝아져야만 한다. 상처를 되씹지 않고, 아름다운 생각을 하려고 애써야만 한다. 그래야 불행의 그늘에서 벗어날 수 있다.

"신부님, 어딜 가세요!"

"시내에 좀 나가 보려고요."

"이 늦은 시간에요?"

"시간이 급해요!"

쇠뿔도 단김에 빼랬다고, 이태석 신부는 음악을 가르치면 어떨까 하는 생각을 떠올리기 무섭게 시내로 나가 악기를 찾았다. 그런데 수단에서 구할 수 있는 악기라고는 타악기 종류밖에 없었다. 케냐나 나이지리아에다 전화를 걸어 물어보았지만 색소폰이나 클라리넷 같은 관악기는 구할 수가 없었다.

"안 돼, 밴드를 하려면 좀 더 다양한 악기들이 필요해!"

마침 그 해가 안식년이었기 때문에 이태석 신부는 한국에 다녀와야만 했다. 이태석 신부는 한국으로 가서 악기를 구해 보기로 마음먹었다.

"밴드를 하겠다고요? 이게 도움이 될지도 모르겠군요."

"이것도 필요하면 가져가세요."

한국의 지인들은 이태석 신부에게 자기가 가지고 있던 악기를 아낌없이 내놓았다. 덕분에 이태석 신부는 피아노 건반은 물론이고 색소폰, 클라리넷, 트럼펫, 트롬본 등 여러 가지 악기를 구할 수 있었다.

"이야, 이 정도면 훌륭한 밴드가 되겠어요!"

"그런데 신부님, 이 악기를 다룰 줄은 아세요?"

"아……!"

가슴이 철렁하는 순간이었다.

생각해 보니 이태석 신부가 다룰 줄 아는 악기라고는 피아노와 색소폰 정도가 전부였던 것이다. 그래도 이태석 신부는 밴드 만드는 일을 포기할 수가 없었다.

"어느 정도면 악기를 연주할 수 있을까요? 저한테는 시간이 별로 없어요. 속성으로 가르쳐 주세요."

"설마 이 많은 악기 종류를 다 배우시겠다는 건 아니죠?"

"다 배워야죠!"

"맙소사, 신부님!"

이태석 신부는 막무가내로 악기 연주법을 가르쳐 달라고 졸랐다. 그로부터 일주일 후, 이태석 신부는 처음 만져 보는 악기들도 능숙하게 연주할 수 있게 되었다. 오로지 아이들에게 악기를 가르치고 싶다는 열정으로 그 많은 악기 연주법을 터득해 낸 것이다.

"뚝딱뚝딱하시더니 금세 연주법을 익히셨네요."

"하하, 이런 걸 기적이라고 하는 거예요."

이태석 신부는 멋쩍게 웃었다. 하지만 그건 기적이 아니었다. 일주일 동안 잠도 제대로 못 자고, 밥 먹을 시간까지 아껴 가면서 연습한 결과

였다. 얼마나 연습을 했었는지 이태석 신부의 손가락이 일시적으로 마비가 될 정도였다.

그렇게 악기를 배운 이태석 신부는 33개의 악기를 짊어지고 톤즈로 돌아갔다.

"애들아, 연주하고 싶은 악기를 하나씩 골라 보렴."

"이게 뭐예요?"

"악기라는 거야. 들어 볼래?"

이태석 신부는 악기를 하나씩 연주해 보였다. 난생처음 듣는 악기 소리에 매료된 아이들이 눈을 반짝였다.

"마음에 드는 악기를 골라 봐."

"이렇게요?"

"아냐, 아냐. 손가락으로 연주하는 거야."

대부분의 아이들이 악기를 연주하는 방법은커녕 잡는 방법조차 몰랐다. 도레미파솔라시도를 알 리도 만무했고, 악보를 보는 법도 몰랐다. 이태석 신부는 그런 아이들에게 차근차근 음악을 가르치기 시작했다.

그런데 놀라운 일이 벌어졌다. 악기를 배운 지 이틀 정도밖에 안 된 아이들이 연주를 하기 시작한 것이다. 몇몇 아이들은 기타를 배운 지 하루 만에 연주를 하고, 사나흘이 지나자 악보를 보고 수준 높은 연주를 할 수가 있었다. 아이들은 악기에 대해 놀라운 집중력을 보였다. 어떤 아이는 오르간을 가르친 지 일주일 만에 양손으로 연주를 할 수 있었다.

"우리 아이들한테 천재적인 재능이 있나 봐요!"

"이건 기적이에요!"

수녀님들도, 선생님들도 탄성을 내질렀다.

모두의 예상을 깨고 밴드를 만든 지 일주일 만에 합주를 할 수 있게 되었다. 처음 합주곡을 연주하던 날, 톤즈 마을 사람들은 다 함께 눈물을 흘렸다. 아이들이 총 대신 악기를 잡고, 총성 대신 클라리넷과 플루트, 트럼펫 같은 아름다운 악기 소리를 내는 것이 너무나도 감격스러웠던 것이다.

악기를 배우고 싶어 하는 아이들의 수가 점점 더 늘어났다. 하지만 악기의 수는 한정되어 있었다. 아이들은 교대로 악기를 나눠 불면서 늘았다.

"총이랑 칼을 녹여서 이런 악기를 더 만들면 좋겠다."

"총처럼 생긴 이 악기가 아름다운 소리를 낸다는 게 정말 신기해."

"난 커서 악기 연주하는 사람이 되고 싶어. 그럼 평생 즐거운 일만 생길 것 같아."

아이들이 악기를 든 채 깔깔 웃었다.

그 모습을 본 이태석 신부는 마음이 찡하고 아려 왔다.

며칠 뒤, 이태석 신부는 아이들에게 밴드부 유니폼을 선물했다. 모두 같은 옷을 맞춰 입은 아이들이 악기를 들고 서 있으니 제법 폼이 났다.

"이야, 멋지다!"

이태석 신부가 아이들을 향해 박수를 보냈다. 그때였다. 아이들이 서로 눈치를 보더니 조심스럽게 말을 꺼냈다.

"우리도 선물이 있어요."

"응?"

이태석 신부는 눈을 동그랗게 떴다. 순간, 아이들이 서로 눈짓을 주고받더니 일제히 악기를 들고 연주를 시작했다. 아이들이 연주한 곡은 '천사의 양식'이라는 곡이었는데, 이태석 신부가 가르쳐 준 적이 없는 낯선 곡이었다. 아이들은 곡의 마지막 부분까지 거룩하고 장엄하게 연주를 계속했다.

연주가 끝날 무렵이 되자 트롬본이 길고 중후한 음을 내뿜으며 곡을 마무리지었다. 순간 감동이 폭풍처럼 이태석 신부의 가슴을 뒤흔들었다. 말로는 다 표현할 수조차 없는 감동이 이태석 신부의 온몸을 감싸는 듯했다.

"애들아, 이런 곡을 언제 연습했니?"

이태석 신부는 자기도 모르게 눈시울을 붉히고 말았다. 아름다운 멜로디가 너무나도 감동적이었던 것이다.

"신부님을 위해서 연습했어요."

"고맙다……."

이태석 신부가 박수를 치자 아이들이 환하게 웃음을 지었다. 어떤 아이의 눈가에는 눈물이 그렁그렁 맺혔다.

"참, 애들아. 내가 우리 밴드부의 이름을 지었는데."

"뭔데요?"

"브라스 밴드 어때?"

"브라스 밴드? 멋져요!"

"좋은데요?"

아이들의 만장일치로 밴드 이름이 결정되었다.

어느새 브라스 밴드는 톤즈에서 아주 유명한 밴드가 되어 있었다. 브라스 밴드의 아이들은 어딜 가든 밴드 유니폼을 입고 다녔다. 어깨를 떡 벌리고서 가슴을 내밀고 걷는 아이들의 얼굴에는 자랑스러움이 가득했다. 이쯤 되자 각종 행사장에서 브라스 밴드를 초청하겠다는 연락이 왔다.

"신부님, 브라스 밴드를 우리 축하 행사장에 초청하고 싶어요."

"군악대와 함께 시민의 날 축하 공연을 해 주시겠어요?"

"제발 우리 마을에 와서 공연해 주세요!"

이런저런 공연들 덕분에 브라스 밴드의 명성은 날로 높아졌다. 그러던 어느 날이었다. 로마에서 추기경님이 수단의 룸백이란 도시를 방문하게 됐다. 브라스 밴드의 명성을 들은 추기경님은 직접 와서 축하 공연을 해 달라고 부탁했다. 톤즈에서 룸백까지는 120킬로미터가 넘는 거리였다. 서른다섯 명이 넘는 아이들이 악기를 짊어지고 가기에는 먼 거리였다.

"신부님, 어쩌죠?"

"차편도 마땅치 않고····· 거기까지 가려면 여덟 시간도 더 걸릴 거예요. 아이들이 고생할 게 뻔해요."

이태석 신부는 공연을 거절하려고 했다. 하지만 아이들이 공연을 하러 가자며 아우성이었다. 이태석 신부는 난감해졌다.

"고생해도 좋아요!"

"룸백까지 가 보고 싶어요, 신부님!"

결국 이태석 신부는 아이들을 5톤짜리 트럭에 태우고 룸백으로 떠나기로 했다.

우리나라에서는 120킬로미터 정도 떨어진 지역까지 가려면 대략 한 시간 남짓이 걸릴 것이다. 그러나 수단에서 그만한 거리를 가려면 하루는 족히 잡아야만 한다. 도로도 마땅치 않을뿐더러, 가다 보면 밀림에서 나온 동물들이 불쑥불쑥 튀어나와 방해를 하기 때문이다.

비좁은 트럭 뒤에 타고 덜컹거리는 길을 달리는 데도 뭐가 그리 좋은지. 아이들은 쉴 새 없이 콧노래를 부르고, 재잘거렸다.

"룸백에 가면 뭐부터 하고 싶어?"

"난 공항을 구경하고 싶어."

"진짜 비행기도 볼 수 있을까?"

"룸백에는 엄청나게 큰 공항이 있다잖아. 거기가면 비행기가 수십 대는 있대!"

그렇게 장장 여덟 시간을 달려서 룸백에 도착했다. 트럭에서 내린 아이들은 온통 밀가루를 뒤집어쓴 것처럼 하얗게 되어 있었다. 아이들은 서로의 머리와 눈썹에 내려앉은 먼지를 털어 주면서 낄낄거렸다.

이튿날, 아이들은 일어나자마자 유니폼으로 갈아입고 공항으로 갔다. 공항에서 팡파르를 울리며 연주한 아이들은 부리나케 성당으로 이동했다. 성당에서도 공연을 해 달라는 부탁을 받았기 때문에 어쩔 수가 없었다. 성당에서 연주를 끝낸 아이들은 쉴 틈도 없이 곧장 다리 축성

식에 달려갔다. 아침도, 점심도 챙겨 먹지 못한 상태 그대로였다. 아이들은 주린 배를 움켜쥐고 낑낑대며 연주를 계속했다.

"고생 많았지?"

이태석 신부는 아이들에게 미안하기 그지없었다. 그래도 아이들은 해맑게 웃었다.

"고생한 기념으로 콜라를 한 병씩 선물하려고."

이태석 신부는 아이들을 데리고 룸백의 리스토랑으로 갔다. 그곳은 냉장고가 있는 식당이었기 때문에 외국인만 들어갈 수 있는 곳이었다. 이태석 신부는 냉장고에 든 콜라를 아이들에게 한 병씩 꺼내 달라고 부탁했다.

"와, 이건 콜라잖아! 이걸 진짜 먹어도 돼요?"

"이건 꿈일 거야……."

콜라를 받아 든 아이들은 입을 다물지 못했다. 그도 그럴 것이 수단에서 콜라 한 병은 5천 원씩이나 하는 비싼 음식이다. 아이들의 한 달 생활비가 천 원도 안 되니, 어마어마한 음식이었다.

"마셔. 이건 너가 너희한테 주는 선물이니까."

이태석 신부가 콜라병을 내밀었다.

"으악! 차가워!"

"이렇게 차가운 건 처음이야!"

아이들은 난생처음 느껴 보는 차가운 기운에 몸을 움츠렸다. 어떤 아이는 병에다 손가락을 갖다 댔다 내빼기를 수십 번도 더 했다.

"윽! 이상한 물방울이 내 코를 찔렀어!"

"와, 기분이 이상해!"

아이들은 톡 쏘는 탄산가스 맛에 혀를 내둘렀다. 신기하다면서 콜라를 계속 홀짝거리는 아이도 있었고, 살짝 혀를 갖다 댔다가 도망치는 아이도 있었고, 콜라가 무섭다며 울음을 터트리는 아이도 있었다.

"신기한 물이야!"

"이런 걸 매일 마실 수 있는 사람들은 참 좋겠다."

브라스 밴드 아이들에게 콜라병 하나가 주는 행복은 엄청났다. 보통 사람들은 상상도 하지 못할 소박한 것으로부터의 행복. 이곳 아이들의 영혼은 이처럼 맑고 깨끗했다. 이태석 신부는 아이들의 모습을 보면서 또 한 번 커다란 감동을 느꼈다.

"그런데 저 사람들 좀 봐. 우리가 이상해 보이나 봐."

"사람들이 아까부터 우리만 계속 쳐다보고 있어."

아이들이 웅성거렸다.

주위를 둘러보니 외국인들이 아이들을 바라보고 있었다. 이태석 신부는 외국인들에게 영어로 아이들은 수단의 톤즈 마을에 온 밴드라고 소개했다. 외국인들이 박수를 쳤다.

"연주해 주세요!"

사람들의 환호성을 들은 아이들이 연주를 시작했다. 사람들은 수준 이상의 연주 실력에 놀라움을 금치 못했다. 어떤 사람은 연주를 잘 들었다며 지갑에서 몇 십 달러를 내놓았다. 그러자 여러 사람들이 앞다투어 돈을 내놓았다. 순식간에 즉시 연주회가 벌어졌다. 아이들은 즐겁게 연주를 했고, 사람들은 박수를 치고 춤을 추었다.

"정말 감동적인 연주였습니다. 오늘 콜라 값은 받지 않을게요."

레스토랑의 주인이 아이들에게 공짜로 콜라를 대접하겠다고 했다. 아이들의 눈이 휘둥그레졌다. 아마도 아이들은 음악이라는 것이 이처럼 큰 감동을 줄 수 있는 것이구나 하고 느낀 모양이었다.

"신부님, 음악이라는 게 전쟁을 멈추게도 하나요?"

밴드의 가장 막내인 아튠이 불쑥 이런 말을 했다.

"그건 갑자기 왜 묻니?"

"그럴 수만 있다면 정말 열심히 음악을 연주할 텐데……."

"맞아, 나는 잠도 안 자고 연주할 자신 있어!"

"나도 그래!"

아이들은 자기들끼리 웅성거리더니 깔깔깔 웃음을 터트렸다.

이태석 신부는 자기도 모르게 눈물을 훔쳤다. 처음 악기를 집어 든 아이들은 어색하기 그지없는 모습으로 웃음을 지었었다. 그런데 이 순간 아이들의 웃음은 너무나도 자연스럽고 아름다워 보였다.

기적이란 바로 이런 것이 아닐까 싶었다.

브라스 밴드가 만든 기적은 그 후로도 계속되었다.

얼마 전에는 톤즈에서 무려 200킬로미터나 떨어진 '쿠와족'이라는 곳으로 초대를 받았다. 그곳에 남수단의 대통령이 방문을 하게 되었는데,

브라스 밴드의 연주를 듣고 싶다고 한 것이었다.

"와, 대통령이 우리를 보고 싶다고 했대!"

아이들은 장장 열세 시간이 넘는 길을 달려갔다. 그런데 목적지를 바로 코앞에 두고 엄청난 일이 벌어졌다. 폭우 때문에 강물이 범람해서 다리가 물에 잠기고 만 것이다. 트럭 운전수가 다리를 건너려고 애썼지만 방법이 없었다.

"이대로 가다간 모두 물에 빠지고 말겠어요."

이태석 신부와 아이들은 애가 탔다. 내일 아침에 있을 행사 시간을 맞추려면 무슨 수를 써서라도 다리를 건너야만 했던 것이다.

"여기서 포기할 순 없어!"

한 아이가 악기를 머리에 이더니 강물 쪽으로 걸어갔.

이태석 신부가 말리려고 했지만 눈 깜짝할 새에 다른 아이들도 우르르 강물로 들어가고 말았다. 서른 명이 넘는 아이들이 입에 신발을 물고, 악기를 두 팔 높이 치켜든 채 강을 건너는 모습을 상상해 보라.

쏟아지는 빗물도 아이들의 의지를 닦을 수는 없었다.

그렇게 강을 건넌 아이들은 목적지까지 제시간에 도착할 수 있었다. 행사장에 도착하자 무려 십만 명이 넘는 사람들이 아이들을 기다리고 있었다. 아이들은 밤새 말린 유니폼을 차려입고 악기를 챙겨 들었다.

트럼펫의 힘찬 소리와 함께 아이들이 한 줄로 무대 위에 올라섰다. 빨간색 모자에 금색 실로 장식된 유니폼이 더욱 멋져 보였다.

무대 위에 가지런히 선 아이들은 관객들을 향해 인사했다. 동시에 엄청난 박수가 터져 나왔다. 아이들은 차분히 연주를 시작했다. 관객들은 숨죽여 연주를 들었다. 그 사이 대통령이 도착했다. 하지만 관객들은 대통령이 오는 것은 안중에도 없었다. 모두 브라스 밴드의 연주를 듣느라 넋이 반쯤 나간 상태였다.

"쟤네들은 미국에서 왔을 거야!"

"우리랑 생긴 게 비슷한 걸 보면 수도인 카르툼에서 온 부자 아이들일 거야."

"바보, 방금 톤즈 마을에서 왔다고 소개했잖아."

"말도 안 돼, 톤즈는 우리보다 못사는 마을이잖아. 그런 곳에 사는 애들이 어떻게 저 정도로 연주를 잘하겠어?"

쿠와족 아이들이 자기네들끼리 말싸움을 하기 시작했다. 그 모습을 본 이태석 신부는 자기도 모르게 방긋 웃음을 짓고 말았다. 쿠와족 아이들의 대화를 들은 브라스 밴드 아이들은 어깨를 우쭐거렸다.

어떤 아이는 재미있다며 키득키득 웃어 댔고, 또 어떤 아이는 목숨을 걸고 강을 건너길 잘했다며 뿌듯해했다.

"고맙다, 너희 덕분에 난 행복이 뭔지 새삼 느끼게 됐어."

이태석 신부는 아이들을 하나하나 끌어안으며 말했다. 사람들은 이태석 신부가 톤즈를 위해 많은 것을 했다고 말하지만, 이태석 신부는 정작 그렇게 생각해 본 적이 없었다. 이태석 신부는 늘 자신이 톤즈 사람들로부터 무언가를 얻는 쪽이라고 생각했다.

작은 것에도 감사하는 법, 남들보다 더 하루를 행복하게 사는 법, 서로 나누며 사는 방법, 아끼고 사랑하는 방법…….

이태석 신부는 톤즈 사람들로부터 그 많은 것을 배우고, 깨달았던 것이다.

쿠와족에서의 브라스 밴드 연주를 끝으로 이태석 신부는 잠시 한국에 다녀오기로 결심했다.

자꾸 몸이 피로해지고, 숨도 가빠지는 것이 왠지 이상하다는 생각이 들었기 때문이었다. 이태석 신부는 며칠 쉬던서 검사도 하고 약을 처방받아 갈 생각으로 귀국을 했다. 그런데 종합검진을 받은 이태석 신부는 너무나도 뜻밖의 결과를 듣게 되었다.

"지금 뭐라고 하셨어요?"

"암입니다."

이태석 신부를 검진한 의사가 어렵사리 입을 뗐다.

"아, 암이요?"

"대장암입니다. 그것도 말기예요."

"그럼 저는 어떻게 되는 겁니까?"

"……몇 달 안 남았습니다."

이태석은 하늘이 무너져 내리는 것 같았다.

"수술을 해도 소용없을 정도입니다. 지금으로서는 오직 항암치료만이 방법입니다. 그것도 낫기 위한 치료가 아니라 덜 아프기 위한 치료일 뿐이에요."

의사는 이태석 신부에게 당장 입원을 하라고 권했다. 하지만 이태석 신부는 그럴 수가 없었다. 아프리카에 두고 온 별빛처럼 반짝이는 눈을 가진 아이들이 보고 싶어 견딜 수가 없기 때문이었다.

이태석 신부는 아프리카로 돌아가겠다고 했다.

"말도 안 돼! 너를 이렇게 보낼 수는 없다."

"아프리카에 두고 온 사람들만 소중하다는 거니?"

"태석아, 제발……."

가족들은 이태석 신부를 아프리카로 돌아가지 못하게 말렸다.

고집 센 이태석 신부도 이번만큼은 뜻을 굽힐 수밖에 없었다. 너무나도 슬퍼하는 가족들의 모습을 차마 외면할 수가 없었던 것이다. 결국 이태석 신부는 항암치료를 시작했다.

항암치료를 받는 동안 이태석 신부의 얼굴은 차마 볼 수 없을 정도로 처참해졌다. 통통하게 살이 올랐던 얼굴은 반쪽으로 쪼그라들었고, 머리카락이 모두 빠져서 늘 모자를 쓰고 다녀야만 했다. 툭하면 구역질이 났고, 약을 먹고 나면 괴로워서 한참을 뒹굴어야 했다. 그래도 이태석 신부는 웃음을 잃지 않았다.

"빨리 나았으면 좋겠다. 우리 브라스 밴드 아이들도 보고 싶고, 진료소의 간호사 수녀님들도 보고 싶어. 환자들도 보고 싶고……. 지금쯤 톤즈는 전염병 때문에 애먹고 있을 텐데. 내가 없으면 다른 선생님들이 많이 힘들 텐데."

눈을 감으면 톤즈의 학교가 떠올랐고, 악기를 든 아이들이 떠올랐다. 아프다며 소리를 지르는 환자들이 떠오르기도 했고, 사파리처럼 험한 톤즈 시내의 도로가 떠오르기도 했다. 가끔은 그곳에서 마셨던 뜨겁지만, 톡 쏘는 콜라 맛이 그리워 견딜 수 없을 지경이었다.

"꼭 돌아갈게. 기다려 톤즈……."

이태석 신부가 주먹을 불끈 쥐며 말했다.

시크릿
포인트 7

꿈을 이루려면 인내하세요

어린이들에게 가장 중요한 것은 무엇일까요? 저는 꿈이라고 생각해요. 어린이들은 꿈을 향해 무럭무럭 크는 나무지요. 꿈을 이루려고 한 걸음 두 걸음 열심히 걸어가는 게 바로 어린이 여러분들이 할 일이지요.

꿈을 이루려면 가장 필요한 것이 저는 '인내'라고 생각해요. 인내란 참아 내는 것이에요. 하지만 무조건 참는 건 인내가 아니지요. 목표를 정하고, 그 목표를 위해 꾹 참아 내는 게 인내지요. 사람은 누구나 편안한 것, 재밌는 것, 맛있는 것을 좋아해요. 그러나 그런 것만 찾다 보면 게을러지고, 건강이 나빠지고, 중독이 되어서 다른 일을 못 하게 되지요.

그렇게 안 되려면 인내를 해야 해요. 인내를 하지 않고서 꿈을 이루고 미래에 성공할 수는 없는 거예요. 인내는 자신

에게 필요한 만큼만 조절하는 능력을 키워 줘요. 인내를 잘 하면 꿈은 저절로 이뤄져요.

　자고 싶은 만큼 마음껏 자고, 하고 싶은 것 다음대로 하고, 뭐든지 먹고 즐길 수 있다면 행복할 것 같지요? 밤새도록 게임을 하고, 한낮이 되도록 늦잠을 자고, 밥 먹는 대신에 라면이나 과자로 대충 때운다면 어떻게 될까요?

　그러면 꿈을 이루지도 못하고 포기하게 되고, 나중에는 결국 쓸모없는 사람이 되고 말지요. 욕심을 버리세요. 노는 욕심, 자는 욕심, 남을 이기려는 욕심을 버리세요. 욕심을 버리면 다른 사람을 보살피는 마음이 생기지요. 다른 사람을 위하는 마음을 갖게 된다면, 꿈은 저절로 이뤄져요. 그런 꿈이 이 세상을 행복하고 아름답게 만들지요.

8 떠났지만, 떠나지 않은 신부님

"울지 마, 얘들아. 울지 마, 톤즈……."
이태석 신부의 힘없는 목소리가 흘러나왔다.
아이들이 숨을 멈추었다.
화면 속 이태석 신부의 마지막 유언이 이어졌다.
"내게 가장 큰 선물은 바로 너희들이었어. 모두 사랑한다."
그 말이 끝나기도 전에 아이들의 울음소리가 방을 뒤흔들었다.

2010년 1월 14일, 이태석 신부가 세상을 떠났다. 안타깝게도 마흔여덟 살의 젊은 나이로 우리 곁을 떠났다.

이태석 신부는 숨을 거두는 마지막 순간까지도 아프리카 수단을 그리워했다. 하지만 암을 너무 늦게 발견한 탓에 치료를 할 수가 없는 상태였다. 이태석 신부는 눈에 아른거리는 아프리카의 모습을 뒤로 한 채 숨을 거두고 말았다.

이태석 신부가 죽은 지 백일 뒤, 그의 죽음을 애도하는 사람들이 미사를 올리기 위해 묘지를 찾았을 때의 일이다. 사람들은 기도를 하다 말고 눈을 크게 떴다. 이태석 신부의 묘지 위에 아름다운 무지개가 어른거리는 것을 보았던 것이다.

"내 평생 저렇게 아름다운 무지개는 처음 봅니다!"

"신부님의 영혼처럼 아름다워요."

사람들은 무지개를 보며 이태석 신부의 죽음을 안타까워했다.

한편, 이태석 신부의 죽음을 전해 들은 톤즈 사람들은 도저히 믿을 수 없다는 표정을 지었다. 이태석 신부가 금방이라도 진료소 안에서 걸어 나올 것만 같았던 것이다. 톤즈 사람들은 이태석 신부의 아프리카 이름을 크게 부르짖었다.

"쫄리!"

"내 친구, 쫄리!"

어른, 아이 할 것 없이 모두가 울음을 터트렸다. 어린아이는 큰 소리로 서럽게 울었고, 일흔이 넘은 노인은 구석에서 혼자 눈물을 훔쳤다. 브라스 밴드 아이들은 며칠 동안 밥도 먹지 못한 채 울기만 했다. 어떤 아이는 밤새도록 이태석 신부의 이름을 부르며 울부짖었고, 어떤 아이는 이태석 신부가 쓰던 청진기를 움켜쥔 채 며칠 동안 아무 말도 하지 못했다. 우리에게 이태석 신부의 죽음은 슬픔이었고, 아프리카 수단의 톤즈 마을 사람들에게는 절망 그 이상의 고통이었다. 사람들은 모두 이태석 신부의 죽음을 믿고 싶지 않았다.

톤즈 사람들은 진료소에 모여서 이태석 신부가 '한국의 자랑스런 의사상'을 수상할 당시 수상 소감을 이야기하던 동영상을 틀어 보았다.

"수상 소감이요? 에이, 톤즈에서 이곳 사람들과 함께 어울려 살아가는 게 뭐 그리 대단한 일이라고. 제가 상을 받아야 한다면, 이곳 톤즈 사람들도 모두 상을 받아 마땅한 거예요. 이곳 사람들은 현대인들이 누리고 사는 문명의 혜택을 제대로 누리지 못한 채 살아가지만, 언제나 자기 삶에 만족하고 소박하게 행복을 누리는 아름다운 사람들이거든요. 톤즈에서 가장 아름다운 게 두 가지 있어요. 그게 뭐냐고요? 바로 첫 번째는 아름다운 밤하늘이에요. 저는 태어나서 지금까지 이보다 아름다운 밤하늘을 본 적이 없었어요. 세상 그 어느 곳의 밤하늘보다 아름다울 거예요. 그리고 두 번째로 아름다운 건 바로 '사람'이랍니다. 별처럼 반짝이는 눈, 소박하고 순수한 마음을 가진 사람들의 모습……. 저는 제게 이토록 아름다운 것을 마음껏 바라볼 수 있게 해 준 톤즈 사람들에게 감사드려요."

동영상 속의 이태석 신부가 상패를 높이 치켜들며 활짝 웃었다. 톤즈 사람들은 그 미소를 보고 울음을 터트렸다.

그렇게 톤즈는 오래도록 울음바다였다.

이태석 신부가 세상을 떠난 후 한국의 방송국에서 톤즈 마을을 찾아갔다. 그의 업적을 기리기 위한 다큐멘터리를 찍을 참이었다. 방송국

피디와 카메라 촬영 팀은 이태석 신부가 살았던 마을로 가기 위해 길을 나섰다. 그렇게 케냐에서 수단으로, 수단에서 또 차를 타고 하루 꼬박 달려서 도착한 곳이 톤즈 마을이었다.

톤즈 마을 입구에 들어서자 왕복 2차로인 비포장도로가 나타났다. 도로 사이로 허름한 판자촌이 눈에 들어왔다. 카메라맨이 판자촌을 물끄러미 바라보자, 통역사가 이곳이 바로 마을 최고의 번화가라고 말했다.

"여기 호텔에서 묵으실 예정이죠?"

통역사는 촬영 팀을 허름한 상가 건물 안으로 데리고 들어갔다. 그곳은 톤즈에서도 유일한 외국인 전용 호텔이었다.

먼지가 풀풀 날리는 흙바닥에 삐걱거리는 침대, 낡은 도자기 그릇 몇 개가 놓인 곳이 호텔이라니. 촬영 팀은 입을 다물 수가 없었다. 더욱 심각한 건 호텔에서 전기를 쓸 수 없다는 것이었다. 물은 마을 공용 우물가로 가야 마실 수가 있었다. 펌프에서 막 끌어 낸 물 속에는 더러운 찌꺼기가 둥둥 떠 있었다.

"이런 물을 어떻게 마신다는 거지……."

촬영 팀이 인상을 찌푸렸다. 그때였다. 한 아이가 우물가로 오더니 그 물을 퍼서 맛있게 마시는 게 아닌가.

"이 우물은 쫄리 신부님이 만들어 준 거예요. 난 이 물을 마실 때마다 쫄리가 생각나요. 이게 생기기 전에는 5킬로미터씩 걸어가야만 물을 마실 수가 있었거든요."

"……."

촬영 팀은 할 말을 잃고 말았다.

"카메라를 충전하려면 전기가 필요한데……."

카메라맨의 말에 통역사가 전기 시설을 안내해 주겠다고 했다. 그가 촬영 팀을 데리고 간 곳은 학교와 기숙사, 병원 건물이었다. 학교에서 병원으로 가는 길에는 철근 기둥으로 된 농구 골대가 하나 놓여 있었다. 그 밑에서는 아이들이 구슬 같은 땀을 흘리며 농구를 하고 있는 모습이 보였다.

"톤즈에 딱 하나뿐인 농구 골대예요. 쫄리 신부님이 만드신 거죠. 참, 전기가 들어오는 학교와 기숙사, 병원도 모두 쫄리 신부님이 만드신 거예요."

"그런데 병원이 왜 이렇게 한산하죠?"

병원 내부를 살펴보니 병실 입구에는 자물쇠가 걸려 있었고, 진료소 안에도 사람이 없었다. 여자 간호사 한 명만이 남아 있었다.

"톤즈 진료소는 하루에 이삼백 명씩 환자가 찾아오는 곳이라고 하던데요."

"옛날엔 그랬죠."

"지금은요?"

"사람들은 이제 더 이상 이곳을 찾지 않아요. 쫄리가 없기 때문이죠."

복도를 돌아서자 우두커니 선 여자 두 명이 보였다. 그들은 환자가 아닌 듯했다. 그런데도 왜 이곳에 서 있는 걸까. 촬영 팀이 고개를 갸웃했다. 그때였다.

"당신들, 쫄리 신부님과 같은 피부색을 가졌군요!"

"네, 같은 나라에서 왔어요."

"오, 우리 쫄리 신부님도 당신들처럼 돌아올 수 있다면 좋을 텐데."

이야기를 들어 보니 여자들은 매일같이 이곳 진료소를 찾아와 시간을 보낸다고 했다. 이태석 신부가 그리워서 그러는 것이라고 했다.

"이곳 톤즈는…… 슬픔에 잠겨 있어요."

통역사가 파르르 떨리는 목소리로 말했다. 촬영 팀의 가슴도 덩달아 무거워지고 말았다. 얼마나 시간이 지난 것일까. 통역사가 보여 줄 게 있다며 촬영 팀을 잡아끌었다. 촬영 팀은 통역사를 쫓아서 10여 분 가량을 운전해 갔다. 한참 가다 보니 벽돌로 지어진 건물 네 채가 보였다. 그곳은 지하수를 끌어올리는 펌프 시설도 갖추고 있었다.

"와, 여기가 시내보다 낫네."

촬영 팀이 물을 벌컥 마시며 중얼거렸다. 그러자 차 소리를 듣고 나온 사람들이 우르르 몰려왔다.

아이들의 모습을 본 촬영 팀은 자기도 모르게 몸을 움찔하고 말았다. 어른이고 아이고 할 것 없이 몸이 성한 사람이 없었다. 어떤 사람은 앞을 보지 못했고, 어떤 사람은 다리를 절었다. 어떤 사람은 살이 썩어 문드러진 뭉툭한 손을 갖고 있었다. 그들은 모두 나병 환자들이었다.

"이분들은 쫄리 신부님의 친구들이에요."

통역사가 말했다.

그러자 놀라운 일이 벌어졌다. 사람들이 갑자기 "쫄리!"라고 외치며 눈물을 흘리며 기뻐하는 것이 아닌가. 촬영 팀은 이태석 신부의 사진을 꺼내 보여 줬다. 사람들은 사진에 입을 맞추고, 얼굴을 쓰다듬으며 노래를 불렀다. 어떤 사람은 사진 앞에 엎드려 울음을 터트렸고, 어떤 사람은 사진을 꼭 끌어안은 채 "쫄리, 쫄리……." 하고 애타게 이름만 불러 댔다.

"우리는 쫄리를 생각하면 슬퍼서 숨을 쉴 수가 없어요. 쫄리를 위해서 매일 기도 하고 있지만, 슬픔이 사라지지 않아요. 시간이 갈수록 쫄리가 더욱 그리워요."

"이 세상 누구도 쫄리처럼 우리를 사랑해 즈지 못할 거예요."

"쫄리를 다시 볼 수만 있다면……. 차라리 내가 대신 죽었으면 좋겠어요."

나병 환자들의 말 한마디, 한마디는 절규처럼 슬펐다. 이태석 신부의 존재가 얼마나 크고 대단한 것이었는지 느낄 수 있는 순간이었다.

나병 환자들과 헤어진 촬영 팀은 무거운 마음으로 숙소를 향해 갔다. 차가 비포장도로를 덜컹덜컹 달리고 있을 때였다. 어디선가 아름다운 음악 소리가 들려왔다.

"이건 악기 소리잖아……?"

톤즈처럼 외진 마을에서 악기 소리를 듣게 되다니. 촬영 팀은 신기해하지 않을 수 없었다. 악기 소리가 난 곳은 병원과 기숙사 사이의 숙직실이었다. 그곳에는 열댓 명의 아이들이 모여 있었다. 벽 한쪽에 가지런히 걸려 있는 붉은 유니폼을 보자 그들이 브라스 밴드라는 것을 짐작할 수 있었다.

"아직도 밴드 연습을 하는 거니?"

촬영 팀이 물었다. 그러자 아이들이 방긋 웃으며 말했다.

"쫄리에게 들려줄 곡을 연습하고 있어요."

이태석 신부에게 악기를 배운 아이들은 후배들에게 악기 연주법을 가르쳤다. 아이들은 이태석 신부가 수학 공책에다 그려 놓은 악보를 보물처럼 소중히 간직하고 있었다. 아이들은 그 악보를 연주할 때마다 이태석 신부가 들을 거라고 믿는 듯했다.

"후배들에게 악기를 가르치는 건 힘들지 않니?"

"힘들어도 괜찮아요. 나는 쫄리와 함께 했던 브라스 밴드니까요."

아이들은 스스로 '브라스 밴드'였다는 것을 아주 자랑스럽게 생각했다.

"저는 카메라를 짊어진 아저씨가 쫄리인 줄 알았어요. 아버지가 돌아온 줄 알고 기뻐서 눈물이 났어요."

한 아이가 고개를 숙이며 말했다.

"아버지?"

"우린 쫄리를 아버지라고 불러요."

"난 커서 쫄리처럼 훌륭한 신부님이 될 거예요."

"난 쫄리처럼 환자를 돌보는 의사가 될 거예요."

아이들은 이태석 신부가 곁에 있는 것처럼 행동했다. 무슨 일을 하든지 이태석 신부를 떠올렸고, 이 일을 하면 이태석 신부가 기뻐할 거라며 즐거워했다. 공부를 할 때도 마찬가지였다. 아이들은 이태석 신부처럼 훌륭한 사람이 되고 싶다며 열심히 공부했다.

촬영 팀은 그런 아이들에게 작은 선물 하나를 주기로 했다.

"모두 비디오실로 모여 봐."

촬영 팀이 아이들에게 줄 선물은 이태석 신부의 마지막 모습이 담긴 촬영 테이프였다. 아이들이 모두 모이자, 촬영 팀은 비디오를 틀었다. 병실에 누워 있는 이태석 신부의 모습이 화면에 나타났다. 순간, 아이들의 입에서 "아버지!", "쫄리!" 하는 외침이 터져 나왔다.

화면 속의 이태석 신부는 톤즈로 돌아가야 한다며 고통을 참고 있었다. 그 모습을 본 아이들은 눈물을 뚝뚝 흘렸다.

"울지 마, 애들아. 울지 마, 톤즈……."

이태석 신부의 힘없는 목소리가 흘러나왔다. 아이들이 숨을 멈추었다. 화면 속 이태석 신부의 마지막 유언이 이어졌다.

"내게 가장 큰 선물은 바로 너희들이었어. 모두 사랑한다."

그 말이 끝나기도 전에 아이들의 울음소리가 방을 뒤흔들었다. 어떤 아이는 벽에 머리를 박으며 계속해서 눈물을 흘렸고, 어떤 아이는 울음 때문에 숨이 가빠져서 까무라칠 정도였다. 그 모습을 본 촬영 팀도 울지 않을 수 없었다.

한 사람의 존재가 이토록 크게 느껴지기는 처음이었다.

"울지 마, 너희는 씩씩하게 자라서 톤즈를 잘살게 만드는 사람이 되어야 해. 그게 이태석 신부님의 꿈이고, 희망이었어."

촬영 팀의 말에 아이들이 고개를 끄덕였다.

이튿날, 이른 아침부터 브라스 밴드 아이들이 호텔로 찾아왔다. 아이들은 연주용 유니폼을 곱게 차려입은 상태였다.

"부탁이에요. 신부님의 사진을 저희한테 주세요."

"무얼 하려고?"

"우린 연주하면서 톤즈 시내를 한 바퀴 돌 거예요."

"쫄리에게 톤즈를 보여 주고 싶거든요. 비록 사진으로밖에는 못 보겠지만……. 그래도 쫄리가 무척 보고 싶어 할 것 같아서요."

촬영 팀은 이태석 신부의 사진들 가운데 가장 환하게 웃고 있는 것을 골라 주었다. 아이들이 사진을 들고 밖으로 뛰어나갔다.

그날, 브라스 밴드는 이태석 신부의 영정을 들고 톤즈 시내를 돌며 연주했다. 톤즈 곳곳에 아름다운 음악이 울려 퍼지는 순간이었다.

촬영 팀은 톤즈에서의 촬영을 마치고 한국으로 돌아왔다. 촬영 팀은 이곳의 모습을 몇몇 사람만 보아서는 안 될 것 같다고 생각했다. 그래서 이태석 신부의 삶을 다큐멘터리식 영화로 만들었다.

〈울지마, 톤즈〉는 그렇게 완성되었다. 영화가 개봉되자 극장을 찾은 수십만 명의 관객들이 눈물을 흘렸다. 영화는 2010년 올해의 좋은 영상물 상까지 받게 되었다. 이태석 신부의 삶을 통해 많은 사람들이 감동을 받고 사랑과 나눔의 길에 함께하기로 했다. 영화를 본 사람들은

앞다투어 수단 지역으로 구호 물품을 보냈다. 이태석 신부가 죽은 후 아무도 가지 않았던 의료봉사를 자원하는 사람도 있었고, 후원의 손길도 끊임없이 이어졌다.

현재 톤즈에서는 장학생을 뽑아 한국으로 보내고 있다. 이태석 신부의 사연을 보고 감동을 받은 대학들이 수단 청소년들이 한국에서 의과 대학이나 농업학교를 다닐 수 있도록 해 주었기 때문이다. 또한 한국 정부에서는 남수단에 '이태석 기념 의과대학'을 건립하고 운영할 계획을 세웠다. 이태석 신부의 사랑과 나눔의 정신이 아프리카 대륙을 넘어 세계 곳곳의 가장 낮은 곳으로 스며들고 있다.

브라스 밴드도 여전히 활동 중에 있다. 브라스 밴드는 수단 곳곳에서 열리는 행사를 찾아가 연주를 하고, 이태석 신부의 이름을 알리는 데 앞장서고 있다. 이렇게 톤즈 사람들은 이태석 신부의 죽음을 극복하고, 신부님이 가르쳐 준 사랑을 실천하려고 애쓰고 있다.

"톤즈를 사랑해 줘서 고마워요."

"쫄리, 내 친구!"

지금쯤 톤즈 사람들의 마음이 이태석 신부에게도 전해지지 않았을까.

시크릿 포인트 8

마음의 꽃밭에 물을 주세요

　여기 꽃밭이 있어요. 이 꽃밭에는 아름다운 꽃도 있고, 향기로운 꽃도 있고, 보기 싫은 꽃도 있고, 고약한 냄새가 풍겨서 꿀벌이나 나비가 오지 않는 꽃도 있어요. 여러분은 어떤 꽃에 물을 줄 건가요?

　우리 마음은 이런 꽃밭과 같아요. 그 안에 기쁨도 있고, 즐거움도 있고, 사랑도 있고, 희망도 있지요. 이런 것들을 긍정의 꽃씨라고 해요.

　반대로 우리의 마음 안에는 부정의 꽃씨도 있어요. 화를 내는 마음, 질투하는 마음, 미워하는 마음, 자기만 위하는 마음 같은 거지요.

　여러분은 어떤 꽃씨에 물을 줄 건가요? 부정의 꽃씨에 물을 줄 것인지, 긍정의 꽃씨에 물을 줄 것인지는 여러분의 마음에 달렸어요. 여러분이 어떤 선택을 하느냐에 따라 어

떤 꽃이 필지 결정될 거예요.

　물을 주어 꽃을 피워 보세요. 여러분이 만약 부정의 씨앗에 물을 준다면, 아주 보기 싫은 꽃이 피겠지요. 고약한 냄새가 풍기고 못생겨서 꿀벌이나 나비도 오지 않을 거예요. 하지만 긍정의 씨앗에 물을 준다면, 기쁨과 즐거움과 사랑과 희망의 마음이 생길 거예요.

　우리가 세상에 태어난 것은 불행하기 위해 태어난 게 아닙니다. 행복하기 위해 태어난 거지요. 행복해지려면 여러분은 긍정의 꽃씨를 선택해야 해요. 행복해지는 것은 다른 사람이 대신 만들어 주는 게 아니라, 자기 스스로 노력해서 만들어 가는 거예요. 지금부터 행복해지도록 노력하세요.

　유혹이 올 때면 마음속에 품은 목표와 꿈을 떠올려 보세요. 한 번 참을 때마다 꿈을 향한 계단을 하나씩 오르고 있다고 생각해 보세요. 서두르지 말고 하나씩 참고 이겨 낸다면 머지않아 꿈을 이룰 거예요.

거장들의 시크릿 03
이태석 – 가장 낮은 곳에서 사랑과 나눔을 실천하라

펴낸날	초판 1쇄 2008년 3월 15일
	초판 3쇄 2020년 1월 2일

지은이	서지원
그린이	방현일
펴낸이	심만수
펴낸곳	(주)살림출판사
출판등록	1989년 11월 1일 제9-210호

주소	경기도 파주시 광인사길 30
전화	031-955-1350 팩스 031-624-1356
홈페이지	http://www.sallimbooks.com
이메일	book@sallimbooks.com

ISBN	978-89-522-1718-9	74080
	978-89-522-0826-2	74080(세트)

※ 값은 뒤표지에 있습니다.
※ 잘못 만들어진 책은 구입하신 서점에서 바꾸어 드립니다.

사용연령 8세 이상　**제조국** 대한민국
제조년월 2020년 1월 2일　**제조자명** (주)살림출판사
연락처 031-955-1350
주소 경기도 파주시 광인사길 30
주의사항 책을 던지거나 떨어뜨리면 모서리에 다칠 우려가 있으니 주의하세요.

KC마크는 이 제품이 공통안전기준에 적합하였음을 의미합니다.